Christian Leven (Hg.)

Im Lichterglanz der Weihnacht

CHRISTIAN LEVEN (HG.)

Im Lichterglanz der Weihnacht

GESCHICHTEN, LEGENDEN UND GEDICHTE
FÜR DIE SCHÖNSTE ZEIT DES JAHRES

HERDER

FREIBURG · BASEL · WIEN

Umschlaggestaltung: Finken & Bumiller, Stuttgart
Umschlagmotiv: mauritius-images / Pigneter
Bilder im Innenteil: Wolfgang Müller, Oberried

www.herder.de
Druck und Bindung: fgb · freiburger graphische betriebe 2003
www.fgb.de
Gedruckt auf umweltfreundlichem,
chlorfrei gebleichtem Papier
ISBN 3-451-28205-4

INHALT

5 EINE ZEIT IST GEKOMMEN

Was war, was wird

6 WIR FOLGEN DEM STERN

Vom Loslassen, Aufbrechen und Unterwegssein

1

Es ist uns zugesagt

ZEIT DER VORBEREITUNG UND ERWARTUNG

Noch ist Herbst nicht ganz entflohn

THEODOR FONTANE

Noch ist Herbst nicht ganz entflohn,
Aber als Knecht Ruprecht schon
Kommt der Winter hergeschritten,
Und alsbald aus Schnees Mitten
Klingt des Schlittenglöckleins Ton.

Und was jüngst noch, fern und nah,
Bunt auf uns herniedersah,
Weiß sind Türme, Dächer, Zweige,
Und das Jahr geht auf die Neige,
Und das schönste Fest ist da.

Tag du der Geburt des Herrn,
Heute bist du uns noch fern
Aber Tannen, Engel, Fahnen
Lassen uns den Tag schon ahnen,
Und wir sehen schon den Stern.

Advent – Einheit von Himmel und Erde

GERTRUDE UND THOMAS SARTORY

NUN ERKLINGEN SIE WIEDER, DIE ALTEN ADVENTSLIEDER. In den Kirchen – aber auch in Rundfunk oder Fernsehen. Hier und da gibt es sogar noch Häuser, da singt man sie im Schein der Adventskerzen im Kreis der Familie. Niemand weiß, was in den Seelen vor sich geht, auch wenn es von außen nach »nur Rührseligkeit« oder gar »Kitsch« aussieht. Das Licht der Kerzen zaubert nicht nur im Raum eine andere Stimmung und Atmosphäre hervor; manchem rührt es auch das Herz an, er weiß vielleicht selbst nicht, was ihn so seltsam ergreift. Man singt die alten Lieder, singt mit oder hört nur zu, glaubt den altertümlichen Versen oder glaubt ihnen nicht. Und doch – wer weiß, welch unerwartete, unberechenbare Vibrationen von den alten Texten und Melodien ausgehen? Da tauchen Bilder im Grund der Seele auf. Ganz wörtlich – als seien sie längst da gewesen im Seelengrund, vielleicht seit urher, wie auf einem Film, der schon belichtet, aber noch nicht entwickelt war. Nun treten sie hervor, Bilder der Seele, wie ein Versprechen, eine Ankündigung – man weiß selbst nicht, wovon. Man kennt sich nicht aus mit sich selbst. Woher dieses Empfinden von etwas Tröstlichem? Bloße Widerspiegelung altüberlieferter Symbole in einer von Trost verlassenen Seele?

Es mag schon sein, dass die auf den Alltagsgebrauch fixierte Vernunft mit diesen Texten nicht viel mehr anfangen kann: Ein Verstand, an die gradlinige Einbahnstraße der Fragen nach Ursache und Wirkung gewöhnt, nimmt nur Märchenhaftes, Legendäres, Mythisches wahr. Aber so sehr auch der Verstand protestiert – die Seele ahnt, fühlt eine geheimnisvolle Übereinstimmung zwischen den adventlichen Weisen und einem »Irgendwas«, das im Grunde ihrer selbst lebendig ist. Ein »Irgendwas«? Was soll solch eine unbestimmte, vage Formulierung? Es ist so etwas wie eine allerletzte innere Gewissheit: »Es wird schon alles einen Sinn haben – – –, es wird noch alles gut werden – – –.« Freilich: wieso – wodurch? Der Verstand, der es genau wissen möchte, bleibt verwirrt zurück: Wodurch und wieso soll alles »gut« werden? – Woher soll sie denn kommen, die große Wendung? – Wie ein Wunder vom Himmel oder als Ergebnis unserer eigenen Bemühungen? Dem tieferen Wissen der Seele ist solches Entweder-Oder fremd. Was widersprüchlich scheint – sie erlebt es als *eins*. Im Bild der Adventsgesänge gesprochen: als Einheit von Himmel und Erde.

Auf der scheinbaren Spannung von Gottestat und Menschenwerk beruht die Dramatik der jüdisch-christlichen messianischen Hoffnung überhaupt. In Martin Bubers »Erzählungen der Chassidim« steht folgende kleine Geschichte über Rabbi Menachem Mendel von Witebsk:

»Zur Zeit, da Rabbi Menachem im Lande Israel wohnte, ereignete es sich, dass ein törichter Mann, ohne bemerkt zu werden, den Ölberg bestieg und vom Gipfel aus in die Schofarposaune stieß. Im aufgeschreckten Volk sprang die Kunde um, dies sei das Schofarblasen, das die Erlösung ankündigt. Als das Gerücht zu den Ohren Rabbi Menachems kam, öffnete er das Fenster, sah in die Welt hinaus und sprach: Da ist keine Erneuerung.«

Erlösung kommt von Gott, vom Himmel – »von oben kommt der Retter«! Erlösung ist von unten, aus der gewandelten Beziehung der Menschen zueinander – sie wächst aus der Erde auf! Und das sind nicht zwei Wahrheiten, sondern *eine*: die beiden widersprüchlich scheinenden Seiten ein und derselben Sache.

Gertrude und Thomas Sartory

»O Heiland reiß die Himmel auf,
herab, herab vom Himmel lauf!
Reiß ab vom Himmel Tür und Tor,
reiß ab, wo Schloss und Riegel vor!

O Gott, den Tau vom Himmel gieß,
im Tau herab, o Heiland, fließ!
Ihr Wolken, brecht und regnet aus,
den König über Jakobs Haus!

O Erd, schlag aus, schlag aus, o Erd,
dass Berg und Tal, grün alles werd!
O Erd, hervor dies Blümlein bring,
o Heiland, aus der Erden spring.«

Vom Himmel kommt das Rettende, und doch bricht es aus der Erde hervor.

Vor Weihnachten

ALFRED POLGAR

NUN KOMMT BALD WEIHNACHTEN. Man merkt das schon an Verschiedenem. Auf den Straßen liegen in Haufen, geschlachtete Nadelbäume; getrocknetes Harz-blut klebt an ihrer Rinde. Aus den Schaufenstern der Kunsthandlungen verschwinden die unzüchtigen Darstellungen, und die »Mitternachtsmette im Gebirge« erscheint. Zwei zu zwei stapfen Bauern durch dicken Schnee dem Kirchlein zu, das Gebetbuch in schwieliger Faust. Der Weg, den sie schon gegangen sind, trägt die Spuren ihrer breiten Stiefelsohlen, aus dem Kirchenfenster fällt buttergelb ein Lichtstreifen über den beschneiten Pfad. Neben diesem, den Großstädter so ergreifenden Gemälde hängen mancherlei Spezial-Weihnachten. Weihnachten des Leuchtturmwächters. Bahnwärters Christnacht. Kommerzienrats Tannenbäumchen. Weihnachten des Eremiten. Auf allen diesen Bildern tritt die Einsamkeitskomponente stark hervor. Es ist ja auch zur Weihnachtszeit, in der ein unruhvolles Bedürfnis nach Wärme und Anlehnung die Gefühle lockert, und der Schmelzpunkt, an dem sie in den Zustand der Liebe übergehen, tiefer liegt als selbst im Mai, es ist ja auch zur Weihnachtszeit besonders bitter, allein zu sein.

Meine arme Freundin Elfriede, längst deckt Erde ihr zierliches Gebein, hielt auch sehr viel auf weihnachtlichen Zusammenschluß und wollte das liebe Zeremoniell des Festtages nicht missen. Dennoch geschah es am Abend eines vierundzwanzigsten Dezembers, daß sie keine andere Gesellschaft hatte als ihre beiden Hunde, die treue

Dackelhündin Grete und den lebhaften Fox Rolph. Sie warteten in einem Nebenraum auf Einlaß in das Zimmer, wo das flimmernde Bäumchen stand und der Tisch mit den Gaben, zwei tannenzweiggeschmückten Knackwürsten. Elfriede setzte sich ans Klavier, Rolph und Grete auf die Hinterpfoten, und erst nach drei Strophen »Stille Nacht, heilige Nacht« durften sie zu den Würsten. Elfriede war aus Düsseldorf.

Eine Stimmgabel ist angeschlagen, eine Stimmungsgabel. Und die große Mehrheit weißer Menschen schraubt ihr Herz auf die gleiche Tonhöhe.

Die Kinderchen schreiben auf vierzeilig liniertem Papier Briefe an das Christkind, an das sie nicht mehr glauben, und beschließen die Schrift mit einem Tintenklecks wie mit einem Siegel holder Einfalt. Sie hegen die nicht unbegründete Befürchtung, »praktische Sachen« geschenkt zu bekommen, die man ihnen ohnehin kaufen müßte. Einige, von Neugier geplagt, stecken sich hinter die etwa vorhandene Hausgehilfin. Ist die Hausgehilfin hübsch, kann solches Verstecken hinter sie für das künftige Leben der Kleinen von großer Bedeutung sein. Sind sie doch im glücklichen Alter, in dem die Grundlagen der Komplexe gelegt werden, der seelischen Vexierbauten, die dann später einmal der Analyse so viel Anregung und Freude bereiten.

Indes also die Kleinchen von der Frage erregt sind: Was bekomme ich geschenkt?, sinnen die Erwachsenen der Frage nach: Was schenke ich? Oder eigentlich der Frage: Wo nehme ich das Geld her für Geschenke? Welch ein Friede wäre Weihnachten auf Erden und den Menschen ein Wohlgefallen, wenn zumindest die Erwachsenen gegenseitig sich das Schenken schenken wollten! Und einen Pakt schlössen, daß jeder nach seinen Möglichkeiten sich kaufe, was ihn freue, und hierfür die Gesamtheit seiner Freunde – gefühls-kommerziell gesprochen – »erkenne«. Allerdings: Geben ist seliger denn nehmen, sagt die christliche Lehre, dieser größte auf dem Gebiet irdischer Glücksspekulation je gewagte Vorstoß der Kontermine.

Nun kommt bald Weihnachten, und ein Golfstrom der Menschenliebe sendet warme Schauer über das frierende Land. Sogar die Presse kann sich dem innigen Gebot dieser Tage nicht entziehen. Sie rüstet die »Weihnachtsbeilage«, das Weihnachts-Beilager für Literatur und Wissenschaft. In der Redaktion duftet es, zumindest metaphorisch, nach Fichtennadeln, Äpfeln, Wachskerzen und leuchtenden Kinderaugen, deren in diesen Tagen eine große Menge für die journalistische Arbeit verbraucht wird. Auch blasse, verhärmte Wangen sind in der kapitalistischen Presse zur Weihnachtszeit lebhaft gefragt. Am Lüster aber hängt stumpfgrün das Gewirr der Mistelzweige, und wer unter ihnen den Chefredakteur trifft, darf ihn küssen.

Weihnachten ist das Fest der Überraschungen. Verloren geglaubte Söhne wählen gern den Weihnachtsabend, um plötzlich einzutreten, und ebenso richten es die Mitglieder des Vereins »Enoch Arden«, die verloren geglaubten Ehemänner, womöglich so ein, daß sie am Heiligen Abend ihre Frauen überraschen, wobei auch sie ihre Überraschungen erleben.

Übel dran zu Weihnachten sind die Menschenfeinde. An den Dämmen, die ihr Haß aufgerichtet hat, bricht sich das Meer von Liebe, das in diesen Tagen alle Küsten bespült, wo Christenmenschen und ihnen Assimilierte wohnen. Düster sitzen sie da in ihrer düsteren Isoliertheit und giften sich. Sind nicht auch sie unsere Brüder? Wie verhilft man ihnen zu einem relativ gemütlichen Weihnachtsabend? Tun wir was für sie! Menschenfeinden Freude zu machen kann doch nicht schwer sein. Lassen wir sie hineinblicken in die Not der Glücklichen! In den Krieg des häuslichen Friedens! In die Langeweile der guten Ehe! In die Ehrgeizqual der Begabten! In die marternde Furcht der Angekommenen vor denen, die nachdrängen! In die klägliche Unfreude des Reichtums! In die trostlose innere Einsamkeit der Geselligen!

Festesahnung überall. Auch die Stimme der Natur, der treue Grundbaß zu all unseren Melodien, hat bereits ein unverkennbar weihnachtliches Timbre. Die Luft weht dämmergrau, als wolle sie helfen, die Geheimnisse, die alle Guten jetzt voreinander haben, zu verschleiern. Schnee ist auf die nahen Berge gefallen und bleibt dort in strahlender Reine liegen, aus Pferdemäulern dampft es wolkig, Weihrauch dem Winter, zwischen gefrorenen Ackerschollen beut das muntere Häschen sein Fell dem Rohr, und mit frohem Geschnatter kündet es die Gans, wie üppig schon ihre Leber den hohen Feiertagen entgegenschwillt.

Die Weihekerzen

Aleksej Remisov

In Russland erzählt man vom Heiligen Nikolaus eine ungewöhnliche Legende: Einst lebte ein Mann namens Ipat. Da die Zeiten sehr schwer waren, beschloß er, seinen Lebensunterhalt auf unredliche Weise zu verdienen.

Fand er einen Gegenstand unbeaufsichtigt, so ging er an ihm nicht etwa achtlos vorüber, sondern nahm ihn mit und behielt ihn. Bot sich aber keine günstige Gelegenheit hierzu, so kaufte er allerlei nichtsnutzes Zeug zusammen, begab sich auf den Trödlermarkt und beredete und betörte die Menschen derart, dass sie den dreifachen Preis zu zahlen bereit waren. Er war demnach der leibhaftige Gauner.

Aber dessen ungeachtet eilte er sogleich nach jedem Abschluss eines unsauberen Handels zu dem Bilde des heiligen Nikolaus und brachte ihm eine Weihekerze als Opfer dar. Schließlich standen in dem Gotteshaus so viele Kerzen von ihm, dass es wie ein brennendes Meer aussah und kein Platz für die übrigen da war.

Dadurch geriet er in den Ruf, ein besonders gottgefälliger Mensch zu sein und der Heilige selbst, Nikolaus der Wundertäter, stünde ihm in all seinem Tun bei.

Ja, Ipat glaubte selbst fest daran, dass der heilige Nikolaus und kein anderer sein Schutzpatron wäre.

Eines Tages bestahl er seinen Nachbarn und machte, dass er davonkam; doch das Unglück wollte es, dass der Diebstahl sofort bemerkt wurde und man ihm nachsetzte.

Ipat lief und lief, was das Zeug hielt; er geriet schließlich außerhalb der Stadt auf die Landstraße, aber die Verfolger waren ihm auf der Ferse. Plötzlich stand vor ihm wie aus der Erde emporgeschossen ein alter Mann, vielleicht war es ein Wanderer oder ein Bettler.

»Wohin eilst du so, Ipat?«, erkundigte sich dieser.

»Ach, Väterchen, rette mich«, bat Ipat, »lass mich nicht verderben; denn sobald sie mich erwischen, geht es mir an den Kragen.«

Ipat stürzte kopfüber in den Graben – dort lag aber ein Pferdekadaver. Ipat verkroch sich unter das tote Pferd und geriet dabei in die Bauchhöhle.

Inzwischen kamen auch die Verfolger heran, aber keinem von ihnen kam der Gedanke, dass Ipat in dem seichten Graben unter dem aufgedunsenen Pferdekadaver liegen könnte. Sie liefen weiter.

Ipat kroch hervor.

Der Alte stand noch immer wie angewurzelt auf demselben Fleck und rührte sich nicht.

»Nun, Ipat, wie war es dir zumute, in der stinkenden Feuchtigkeit zu liegen?«

»Ach, Väterchen, frage mich nicht danach, ich bin fast erstickt.«

»Erstickt, sagst du«, murmelte der Alte, und seine Züge verfinsterten sich. –

»Glaubst du aber, dass es mir von dem Rauch deiner Kerzen besser ergeht? Sie sind für mich dasselbe wie dieser Kadaver!«

Sprach's und entfernte sich grollend.

Brief an Friedrich Eggers

Theodor Storm

Heiligenstadt, 20. Dezember 1856

Mein lieber Freund!

Es wird Weihnachten; vergnügte Weihnachten also! – Mein ganzes Haus riecht schon nach braunen Kuchen – nach dem Rezept meiner Mutter –, und ich sitze, so zu sagen, schon seit einer halben Wochen im Schein des Tannenbaums. Wie ich den Nagel meines Daumen jetzt besehe, so ist er auch halbwege vergoldet; denn ich arbeite abends jetzt nur in Schaumgold, Knittergold und bunten Papieren; und während ich Netze schneide und Tannen- und Fichtenäpfel vergolde und die Frauen, d. h. meine und Fräulein Rosa Stein, die bei uns überwintert, die Puppe für Klein-Lisbeth ausputzen, liest Onkel Otto, d. h. mein Bruder Gärtner, uns die »Klausenburg« von Tieck oder eine andre schöne Spukgeschichte vor oder auch eine Probe aus den Bilderbüchern von Corrodi, die Hans und Ernst auf den Teller gelegt werden sollen. Gestern Abend habe ich sogar den Frauen Mandeln und Zitronat für die Weihnachtskuchen hacken helfen; auch Kardemum dazu gestoßen und Hirschhornsalz, mit welchem letztern man sich in einem messingenen Mörser sehr in acht nehmen muß; den Vormittag war ich stundenlang im Walde umhergekrochen, um die Tannäpfel zu suchen; ja Ihr hättet mich sogar mit meinem dicken Winterpelz hoch oben in einer Tannen sitzen sehen können, um einen besonders schönen Zapfen abzubrechen. Freilich hatte ich mich vorher gehörig umgesehen; denn der Herr Preisrichter durfte sich doch nicht auf ganz offenbarem Waldfrevel ertappen lassen.

Jeden Morgen kommt der Postbote und bringt Päckchen und Briefe aus der Heimat und der Fremde, von Freunden und Verwandten; die Weihnachtszeit ist doch noch grade so schön, wie sie in meinen Kindertagen war. Wenn nur noch Schnee kommen wollte; wir wohnen hier außer der Stadt zwischen den Bergen; da würde der Weihnachtsbaum, wenn er erst brennt, prächtig in die Winterlandschaft hinausleuchten. [...]

Brief an Friedrich Eggers

Öhmchens Weihnachtsbaum

Joseph Viktor Widmann

Es war kurz vor Weihnachten; Frau Hermine Öhmchen, ein rosiges Weibchen, seit vier Jahren verheiratet, erwartete ihren Gatten, der die Teestunde nicht leicht versäumte; sie saß beim Schein der Lampe am gedeckten Tisch, mit einer Stickerei beschäftigt. Die beiden Kleinen hatten ihr Abendbrot längst bekommen; sie mussten früh zu Bett und waren schon eingeschlafen.

Schlag halb acht Uhr erschien Öhmchen. Aber mit verdrießlichem Gesicht trat er in die Stube und warf seine Bücher unsanft auf einen Nebentisch. Erstaunt blickte Hermine auf. »Was ist dir über den Weg gelaufen, Karl?«, fragte sie den Gatten, der sich, wie erschöpft, ihr gegenüber in einen Lehnstuhl fallen ließ.

»Ach!«, jammerte Öhmchen, »meine Schüler, verdammte Jungen! Treiben jeden Schabernack in der Stunde, während ich ihnen den Livius einpauke. Benützen meine Kurzsichtigkeit, um in aller Stille auf den hintern Bänken Karten zu spielen; haben sogar die Tintenfässer ausgespült und dafür Malaga hineingegossen, den sie während der Stunde einander zutrinken. Natürlich musste mir die ganze Klasse bis sieben Uhr sitzen, als ich's entdeckte; ich aber saß mit ihnen. Diese Rangen …«

»Lass sie«, ermunterte Frau Öhmchen ihren Mann, »du warst, wie du mir oft erzählt hast, in deiner Jugend gerade so einer. Aber nun gib mir deine Tasse und denke nicht mehr an die Schule.«

Öhmchens Stirn glättete sich aus Gefälligkeit für seine Frau; aber der Ärger saß tief. Nachdem die Ehegatten ihr Abendessen beendigt hatten, kam daher der Konrektor immer wieder auf die bösen Schuljungen zu sprechen, bis seine Frau zuletzt ausrief: »Lieber Mann, lass uns doch lieber von unsern eigenen Jungen, die da drüben so friedlich schlummern, ein Wörtchen sprechen! In vier Tagen ist Weihnacht; wir haben noch keinen Tannenbaum bestellt. Nun steht die Bude des alten Moppliger, der schon meinen Eltern die Weihnachtsbäume geliefert, an deinem täglichen Schulweg. Wie wäre es, wenn du morgen einen Baum besorgtest, so was recht Schönes, einen großen Baum, der vom Boden bis fast an die Decke reicht, so was zu drei bis vier Franken?«

»Was?«, fuhr Öhmchen auf. »Drei bis vier Franken für den Weihnachtsbaum zahlen?«

»Was hast du dagegen?«, fragte seine Gattin erstaunt. Sie hatte an ihrem Gemahl niemals die kleinste Anwandlung von Geiz bemerkt, oft sogar die Anlage zur Sparsamkeit an ihm vermisst; übrigens waren sie wohlhabende Leute, die über derartige Auslagen sonst nie ein Wort verloren.

Aber in Öhmchens Herzen saß der Groll über seine Lateinschüler und regte den friedlichen Mann zu ungewohnter Heftigkeit auf; eine unglücklicherweise in diesem Moment sich seinem Geiste vorstellende Idee nahm alsobald von ihm Besitz, und er rief: »Was ich dagegen habe, fragst du? Nun! Einfach, dass ich nicht einsehe, warum man kaufen soll, was man selbst schaffen kann.«

»Du kannst doch keine Bäume schaffen wie der liebe Gott am vierten Schöpfungstag«, antwortete lächelnd Hermine.

»Aber holen kann ich sie im Wald, selbst schneiden oder fällen, wie ich will«, erwiderte der Konrektor.

»Ich glaubte, das sei verboten«, war Herminens richtige Antwort. Aber da gerade hatte ihr Gatte sie erwartet, um in einer prächtigen Phrase seinem innern Groll Luft zu machen.

»So?«, rief er. »Verboten. In der Tat! Es gibt derartige die Urrechte des Menschen verkümmernde Satzungen. Aber, liebes Weib! Wir leben in einer großen Zeit, deren Flügelschlag du über deinem Haupte spürst ...«

Hermine sah empor und wollte schon sagen, sie spüre nichts, als der Konrektor über die Brille weg sie zürnend anblitzte und fortfuhr: »Metaphorisch gesprochen, Hermine! Natürlich metaphorisch! Ich meine nicht, dass du den Flügelschlag spürst in physischer Sinnlichkeit ...«

»Bitte! Lass solche Ausdrücke«, bemerkte Hermine errötend.

»Also, in Gottes Namen, unbildlich!«, rief der Konrektor und sprach weiter: »Der Wald gehört wie Luft und Licht zu den unveräußerlichen Lebensgütern, auf die der Mensch nach dem Naturrecht urewigen Anspruch hat. Mögen sinnlose Faselhänse wie unsere modernen Gesetzgeber ein solches Naturrecht beschränken – es bleibt doch in Bestand. Und den will ich sehen, der einen Vater zu hindern wagt, für seine Erzeugten zum Weihnachtsfest einen Tannenbaum aus dem Wald zu holen.«

»Aber Männchen ...«

»Nichts da! Hermine! Hier handelt es sich um ein Prinzip.«

»Das sagst du allemal, wenn du dir etwas in den Kopf gesetzt hast.«

»Hermine! Und wenn ich, wie Schiller sagt, mein gutes Recht oben von den Sternen herablangen müsste, ich könnte nicht anders. Morgen Nachmittag ist keine Schule; da werde ich dem nächsten Forste zuschreiten zur Ausübung meines Naturrechts.«

Bei diesem Beschluss blieb's; die seufzende Hermine wusste ja schon, dass sie mit Widerspruch nichts ausgerichtet hätte. Unter diesem Eindruck verfloss ihr aber der Abend nicht besonders angenehm. Still legte sie ein Buch vor sich hin, in das sie während der Arbeit zerstreut blickte.

Der Konrektor aber entwarf sich für seine Ausübung des Naturrechtes einen wahren Schlachtplan. Erste Frage: Welcher Wald? Um die Stadt herum stehen nur große Waldesriesen zum Schmuck der Promenaden. Man sollte wirklich eine Karte der weiteren Umgebungen der Stadt besitzen. Ins Notizbuch einschreiben: morgen früh Karte in der Buchhandlung kaufen. Übrigens erinnerte sich Öhmchen, dass gleich hinter der ersten Eisenbahnstation gegen Norden vor der Stadt ein bedeutender Wald – das Schwarze Holz – sich ausdehnte. Nachsehen, wann der Eisenbahnzug abgeht. Kein Eisenbahnbüchlein im Hause? Nein. Zweite Notiz: Eisenbahnbegleiter in der Buchhandlung kaufen. Jetzt entsteht die Frage: Womit fällt man den Baum? Messer? Beil? Säge? Vermutlich Säge. Keine im Hause. Morgen in der Eisenhandlung eine anschaffen; man braucht so was immer; am besten gleich ein ganzes Werkzeugkistchen anschaffen. Dritte Frage: Was für ein Anzug? Die schwarzen Kleider würden von dem fetten Fichtenholz – siehe Hallers »Alpen«: »Wo fetter Fichtendampf die dürren Balken schwärzt« – klebrig werden und ganz zugrunde gehen. Aber ein graues Überhemd? Hm! Macht unkenntlich; ungeheuer romantisch. Notiz: morgen früh eines anschaffen bei Naphtali, wenn er so was hat. Wird's wohl haben; hat alles. Dazu ginge gut eine kurze Forstmannspfeife – nein! Nicht Forstmannspfeife; »Forstmann« ist eine unangenehme Vorstellung, wenn man in den Wald geht zur Ausübung eines Naturrechts. Sagen wir einfach: kurze waidmännische Holzpfeife. Furchtbar gemütlich; holländischen Knaster, Oldenkott daraus rauchen. Notiz: beides morgen früh anschaffen. Ganz Wilddieb! Hm! Dieb, Wald, Raubmordfälle. Waffe könnte nicht schaden. Hirschfänger? Nein, kommt einem beim Gehen zwischen die Beine. Aber beim Trödler prangt in der Auslage eine große Reiterpistole, Feuersteinschloss; interessant; hat andern Charakter als diese neuen Revolver, die ein ordentlicher Lateinprofessor nicht begreift. Karl Moor hatte eine solche Pistole im Gürtel stecken. Muss doch einmal diese Schillerschen Sachen wieder lesen. Hermine liest ohnehin. Ah! Da sind die Bände; aufs Geratewohl etwas aufschlagen: »Der Verbrecher aus verlorener Ehre«. Auch gut. Lesen wir das.

So ungefähr folgten sich die Gedanken in Öhmchens Kopf, bis das Lesen in Schillers bekannter Erzählung ihn ganz in Anspruch nahm.

Zwischen der Lektüre sah er einmal auf und sprach zu Hermine in sanftem Ton: »Was meinst du, Kind, wenn du das Spirituslämpchen anzündetest unter dem Wasserkessel? Ich möchte nicht ungern ein Glas Grog trinken.«

»Ist es dir nicht zu spät?«, wandte Hermine schüchtern ein, setzte aber zugleich das Lämpchen in Brand und holte Rumflasche, Zuckerbüchse, einen silbernen Becher, das Geschenk anhänglicher Schüler, und sonstiges kleines Zubehör, bei alledem innerlich erstaunt über dieses seltene Gelüste ihres Mannes. Öhmchen war aber schon so ganz Waldmensch geworden, dass ihm in seiner lebhaften Einbildungskraft fast vorkam, er sei den ganzen Tag im feuchten Moor herumgewandert und brauche etwas gehörig Erwärmendes; unter allen Umständen musste seiner Meinung nach so ein heißer Grog für die Unternehmung des folgenden Tages prophylaktisch wirken. Demgemäß tat er reichlich Rum in den Becher und schlürfte, immer nachgießend, manchen guten Zug des angenehmen Getränks, von dem er Herminen vergeblich anbot; Frauen nehmen in solchen Fällen aus Prinzip nichts.

Unterdessen war die Stunde des Zubettgehens gekommen, der Grog hatte Öhmchen schläfrig und etwas schwerfällig gemacht. Bald herrschte tiefe Stille im Haus; die Lichter waren gelöscht, und Schlaf deckte alle Bewohner.

Die Phantasie hält sich nur bei denjenigen Begebenheiten auf, an denen das Gemüt den vollsten Anteil nimmt, und überspringt oft lange Zeitabschnitte, wenn dieselben ohne hervorragende Merkmale wie graues endloses Papier sich dehnen. So ging es Öhmchen. Der nächste Vormittag mit den gewöhnlichen Schulstunden ging ihm unbemerkt vorüber. Er konnte sich auch nicht mehr besinnen, wie er sich von Hermine verabschiedet hatte. Er ward seiner sozusagen erst bewusst, als er sich aussteigend auf der Eisenbahnstation »Zum Schwarzen Holz« befand. Die bewussten Gegenstände hatte er alle bei sich, das Werkzeugkistchen in der Linken, Landkarte und Eisenbahnbüchlein in einer Rocktasche, unter die Weste geknöpft die unbequeme Pistole, die Holzpfeife im Mund – sie wollte aber nicht brennen – und das graue Überhemd unterm rechten Arm in einem Paket.

Ohne sich um den auf der Station noch wartenden Zug weiter zu bekümmern, schritt Öhmchen dem winterlichen Walde zu, erpicht, sein »Naturrecht« auszuüben, zugleich aber etwas ärgerlich, dass die Pfeife nicht brennen wollte. Dreimal stellte er sein Werkzeugkistchen mitten auf den Weg und holte die schwedische Schachtel hervor, deren Zündhölzchen ganz prächtig flammten, da es windstill war. Aber sobald er an der Pfeife zog – wobei er deutlich spürte, dass sie Luft hatte –, ging sie ihm immer auf unerklärliche Weise aus, und er bekam keine Ahnung von dem Oldenkott, auf den das mit Nerven begabte Kamin seines Gaumens so lüstern war.

Etwas verdrießlich hierüber gelangte er nun vom äußern Waldsaum in den eigentlichen Wald. Niemand begegnete ihm; er warf also rasch das graue Überhemd über seine Tuchkleidung und wanderte nach einem abermals vergeblichen Versuch mit der Pfeife trotzig weiter, immer tiefer in den Forst. Endlich stand er auf einer Hügelwelle mitten im Wald; große und kleine Tannen umgaben ihn, und bald fiel sein Auge auf einen zum Weihnachtsbaum wohlgeeigneten Nadelholzwildling. Rasch machte er sich an die Arbeit, holte die funkelnde neue Handsäge aus dem Kistchen und begann kräftig zu sägen. Merkwürdigerweise kostete ihn das Sägen gar keine Mühe; dagegen machte es einen erstaunlichen, den ganzen Wald erfüllenden Lärm und wollte nie ein Ende nehmen. Nach seiner Berechnung hätte er schon die dickste Tanne durchsägen können in der Zeit, die er mit der Arbeit zubrachte. Indessen, da die Arbeit ihn durchaus nicht ermüdete, fuhr er wohlgemut fort, und der Lärm der Sägetöne, ähnlich dem Schnarchen des schlafenden Polyphem, dauerte fort.

Auf einmal bekam er einen leichten Stoß an die Schulter. Verwundert sah er auf und bemerkte anfänglich niemand in der Nähe; als sich aber der Stoß wiederholte, sah er zu seinem Erstaunen, dass ein

Dachshund neben ihm stand, ihn bei der Arbeit anglotzte und öfters mit der Schnauze stieß. Eigentlich kam es Öhmchen vor, es sei der Dachs eines Nachbarn. In der Vorstadt, wo Öhmchen wohnte, war nämlich der Dachs damals das klassische Tier; jeder Hausbesitzer hielt mindestens einen rotgelben Dachshund, viele aber hatten deren zwei, drei, vier. Denn da diese Hunde auch in weiblichen Exemplaren vorhanden waren, trat alljährlich eine beträchtliche Vermehrung der Dachskolonie ein; überall in den Häusern baten alsdann weichherzige, meist blondhaarige Gemüter, man möchte die netten Hündchen nicht ersäufen; dieser und jener Nachbar nehme gewiss eines an Kindes Statt an. Da irgendein vornehmer Herr der erste Dachshundbesitzer gewesen, galt der Dachs als irgendeine Art aristokratischer Auszeichnung in jenem Stadtteil, und niemand wies trotz hoher Hundesteuer das bellende Geschenk zurück. Einer dieser Dachshunde stand jetzt vor Öhmchen; aber vielleicht war es keiner von diesen zur wohlhabenden, obschon arbeitslosen Klasse gehörenden Bourgeois des Hundegeschlechts; vielleicht gehörte er einem den Wald durchstreifenden Jäger, einem Forstmann an? Aber nein! Als Öhmchen, einen Augenblick sich aufrichtend, um sich blickte, rückte richtig das vereinte Dachsvolk seines Quartiers wie Soldaten, die in der sogenannten Jägerkette gegen den Feind vorgehen, in langer Linie hinter den Bäumen an und kam, übrigens lautlos, unheimlich, auf ihn zu. Sie umringten ihn, sie schnappten nach ihm. Dass er ihre Adresse kannte, sie bei den stolzen Titeln ihrer vornehmen Eigentümer, bei den schmelzenden Frauennamen ihrer schönen Herrinnen rief, nützte gar nichts. Sie waren so wütend über ihn, dass er endlich aus dem Werkzeugkistchen ein Beil hervorholte und nun, blind dreinhauend, ein, wie ihm vorkam, furchtbares Blutbad unter den Hunden anrichtete.

Plötzlich donnerte ihn eine Stimme an: »Was machen Sie hier? Ich verhafte Sie!«, und der Förster stand vor Öhmchen. Es war ein großer Mann in grauer Jagdjoppe; aber er hatte die maliziösen Züge eines persönlichen Feindes des Konrektors. Es war ganz die Physiognomie des Professor Hohlnuss, mit dem er sich über einer Stelle im Livius tödlich entzweit hatte. Boshaft grinste ihn der Förster an. »Sie treiben Holzfrevel, Herr Öhmchen?«, näselte er mit dem verhassten Stimmorgan des philologischen Gegners.

Im ersten Augenblick, als Öhmchen noch geglaubt, er habe den echten Förster sich gegenüberstehen, war kalter Schreck in seine Glieder gefahren, und sein »unveräußerliches Naturrecht« war ihm sehr veräußerlich vorgekommen. Als er aber jetzt eine ihm zwar rätselhafte, aber mit teuflischer Berechnung durchgeführte Hinterlist seines Feindes zu erkennen glaubte und der vermeintliche Förster aufs Neue Hand an ihn legte, da war er seiner nicht mächtig. Zornglühend riss er die Pistole aus seiner Weste, das Pulver der Pfanne blitzte auf, ein Schuss dröhnte, und – der Förster wälzte sich in seinem Blute, während Öhmchen, erstarrt über die grauenvolle Wirkung seines Jähzorns und jammernd, ebenfalls zu Boden sank.

Jemand schüttelte ihn jetzt, und eine Stimme, die nur die Stimme Herminens sein konnte, sprach zu ihm: »Männchen, was jammerst du so? Was schreist du?«

»Ich habe einem Menschen das Leben geraubt«, antwortete Öhmchen kraftlos.

»Das tut man sonst im Bett nicht«, sprach dieselbe freundliche zarte Stimme mit einem Anflug von Lustigkeit, der ihr den Zwitscherton eines muntern Vogels verlieh. Zugleich beugte sich Hermine über den noch immer nicht recht zum Bewusstsein gelangten Öhmchen, schob den einen ihrer jugendlichen Arme unter seinen Nacken und nötigte so den Mann, mit dem Kopf eine etwas höhere Lage auf dem Kissen einzunehmen.

»Öhmchen!«, sagte sie, »was hast du nur geträumt? Erst schnarchtest du entsetzlich wie eine Sägemühle; ich hab' dich mehrmals gezupft ...«

»Der Dachs!«, dachte Öhmchen aufatmend.

»Dann machst du ein Höllengepolter mit den Füßen an der Bettwand, wirfst die metallene Wärmflasche auf den Boden und, verzeihe mir, brüllst wie ein am Opferaltar getroffener Stier!«

»Das Bild ist homerisch«, sagte der sich erholende Öhmchen. »Von Agamemnon wird es gebraucht. Übrigens habe ich einfach dumm geträumt.«

»Das macht das späte Grogtrinken«, sagte lächelnd Hermine.

»Wahrscheinlich«, antwortete Öhmchen. Hierauf sagten beide eine Zeit lang nichts.

Später einmal flüsterte Öhmchen seiner Frau ins Ohr: »Jetzt sag mir einmal genau, wo dein Moppliger seinen Christbaumstand hat.«

Sie sagte es ihm genau. Darauf schliefen sie wieder ein, Öhmchen noch ganz müde vom »unveräußerlichen Naturrecht« und den damit verbundenen Gemütsbewegungen. Ein traumloser Schlaf stellte ihn wieder her.

Dass er am nächsten Morgen die bewussten Gegenstände ungekauft ließ, könnten nötigenfalls Buchhandlung, Eisenwarengeschäft und so weiter bezeugen.

Am Weihnachtsabend leuchtete ein auf gewöhnlichem Weg erworbener Weihnachtsbaum im Hause des Konrektors. Unter demselben lag, damit die Lateinschüler nicht mehr unbemerkt in seinen Stunden Karten spielen möchten, neben andern Geschenken eine schärfere Brille. Und erst unterm Baum gestand Öhmchen seiner Frau den ganzen Verlauf des verzwickten Traumes. Zu ihren Füßen spielten indessen die beiden Kleinen, zu ihren Füßen lag aber auch mit blauem Halsband – ein roter Dachshund, den vor einer Stunde ein freundlicher Nachbar dem Konrektor als Weihnachtsgeschenk hatte zuführen lassen.

JOSEPH VIKTOR WIDMANN

Wenn's wieder geschähe – wie vor langer Zeit

MARIE LUISE KASCHNITZ

DER HEILIGE JOSEPH STAND IN ROM, in der Krippenausstellung, beinahe lebensgroß und aus Holz geschnitzt. Er trug keinen lockigen Greisenbart, er lächelte nicht gütig, er hob die Hände nicht anbetend empor. Die Gruppe, zu der er einmal gehört hatte, war abhanden gekommen.

Er war allein, solange die Menge der Besucher an ihm vorbeiströmte, und noch mehr, als mit dem fortschreitenden Abend die Säle sich leerten. Und wahrscheinlich erreichte seine Einsamkeit den Höhepunkt, als die Lichter gelöscht waren und statt der Schritte und Stimmen der Menschen andere geheimnisvolle Geräusche sich erhoben.

Zu dieser Stunde nämlich begannen sich auf all den kleinen Krippenbühnen die Gestalten zu bewegen. Die Hirten erhoben ihre Stäbe, die Obstverkäuferinnen in den kleinen Bogenhallen beugten sich vor, und die Heiligen Drei Könige trieben ihre Reittiere an. Überall ertönten die eindringlichen Klänge von winzigen Dudelsäcken und die Stimmen der kleinen Wachsengel, die sich an ihren Fäden bewegten und sangen.

Und dann geschah es auch dem alten heiligen Joseph, daß er erwachte und sich langsam von den Knien erhob. Dieser heilige Joseph war ohne Zweifel ein sehr trauriger Mann, und wenn er, wie die andern, zum Bewußtsein kam, konnte er nur zum Bewußtsein seiner Traurigkeit kommen. Er hatte einmal, vor sehr langer Zeit, mit seiner

Frau Maria in Bethlehem Unterkunft gesucht, und die alten Bekannten hatten sich alles andere als freundlich benommen. In einem Stall war schließlich das Kind zur Welt gekommen, von dem Maria wußte, daß es Gottes Kind war. Maria war sehr glücklich gewesen, aber er selbst hatte das Kind betrachtet und die unangenehmsten Vorgefühle gehabt. Die Menschen, hatte er gedacht, sind böse und habgierig, sie werden sich nicht ändern um dieses kleinen Kindes willen.

Einen Augenblick lang war auch ihm wunderlich zumute gewesen, und zwar als das Licht des großen Sternes durch eine schadhafte Stelle im Dach gerade auf die Krippe fiel. Da hatte er eine Stimme sehr Sonderbares erzählen hören: von Apfelbäumen, die im Winter blühen, von Rosenknospen, die im Schnee aufbrechen, von Flüssen, die Wein statt Wasser führen, und von Quellen, aus denen Honig springt. Er hatte das alles auf des Kindes Leben bezogen, aber das war dann ein recht ärmliches geworden und hatte am Kreuz geendet.

An das alles dachte der alte Joseph, als er sich in der Krippenausstellung von den Knien erhob. Ich will doch sehen, dachte er, wie es jetzt zugeht, wo schon zwei Jahrtausende vergangen sind. Ich will sehen, ob es noch immer Kriegsknechte gibt, und hartherzige Wirte und Mütter, die sich um ihrer Söhne willen die Augen aus dem Kopfe weinen.

Er ging durch den nächsten Saal und betrachtete ein wenig herablassend seine Namensbrüder, die so demütig lächelten und dem Kinde die Windeln hielten. Und dann machte er ein paar raschere Schritte und gelangte durch einen Säulenhof auf die Straße hinaus.

Dort erregte seine Erscheinung nicht das geringste Erstaunen. Er sah genau aus wie einer der vielen alten Männer, die ihr Leben lang schwer gearbeitet haben und deren Rücken krumm und deren Glieder steif geworden sind. Er wurde gestoßen und geschoben von der Menge, die dem Weihnachtsmarkt zustrebte, und als er dort angelangt war, sah er sich voller Verwunderung um. Denn überall auf dem langen Platz standen Buden voll glitzernder, funkelnder Dinge. Um den

Platz herum fuhren mit großer Geschwindigkeit Wagen ohne Pferde, und über den Buden erhoben sich hohe Paläste, in deren Sälen vor gemalten Sommerlandschaften Tausende von Lichtern brannten. Die verschlungenen Stäbe der Kirchengitter zeigten die Namenszüge der Maria und des Kindes, und auf dem Marmorbrunnen hoben wilde Flußgötter zwischen Palmen und Meeresrosen ihre Hände zu der Taube des Heiligen Geistes empor. Es war alles nicht mit Nazareth und nicht einmal mit Jerusalem zu vergleichen, und einen Augenblick hatte der alte Joseph die Vorstellung, er befände sich im Paradies.

Aber diese glückliche Stimmung hielt nicht lange an. Wenn dies das Paradies ist, dachte Joseph von Nazareth, so müssen auch die Menschen anders geworden sein. Dann könnte so etwas wie in den Gasthöfen von Bethlehem nicht mehr vorkommen. Er beschloß, diese paradiesischen Menschen mit seiner alten Geschichte auf die Probe zu stellen. Und natürlich bestanden die Leute, die er um ein Nachtlager, um Essen und Trinken und um bunte Bälle für den kleinen Jesus anging, diese Probe nicht.

Der Türhüter des fürstlichen Palastes tippte sich an die Stirn, der Wurstverkäufer schalt über die Bettelei, und der Besitzer der bunten Bälle schüttelte sich vor Lachen, daß der alte Mann eines Neugeborenen Vater sein sollte. Und nun mit einem Mal veränderte für den alten Joseph der ganze Platz sein Gesicht. Die Fahrzeuge schossen so bedrohlich und wild dahin, als hätten sie es darauf abgesehen, den alten Mann zur Strecke zu bringen, das metallene Spielzeug an den Ständen funkelte böse, und unter dem scharfen Knall der Büchsen sanken die hübschen Puppen an der Schießbude traurig hin.

Der alte Joseph fragte, was dies und jenes zu bedeuten habe, und er gewann den Eindruck, daß all die bunten Dinge Kriegsspielzeuge seien und daß die Menschen nichts anderes im Sinn hätten, als so schnell als möglich dahinzurasen und sich gegenseitig ein Leid anzutun. Er fragte nicht mehr, sondern setzte sich auf die Kirchentreppe, gerade neben einen großen Tannenbaum, der dort lehnte und der ebenso trotzig und ebenso einsam aussah wie er selbst. Und weil er es müde war, mit den Menschen zu sprechen, redete er den schwarzen Tannenbaum an.

Du hast einen schönen Stamm, sagte der alte Zimmermann.

Aber der Baum bewegte seine Zweige unwillig. Ich bin nicht meines Stammes wegen hier, sagt er. Ich bin ein Christbaum, der nicht verkauft worden ist. Ein überflüssiges Ding.

Bei diesen Worten horchte der alte Joseph auf und sah den Tannenbaum nachdenklich an. Ich weiß nicht, sagte er, warum du dich darüber grämst, kein Christbaum zu sein. Seit der Geburt des kleinen Jesus ist nichts besser geworden.

Der Baum wiegte seine Zweige bedenklich hin und her.

Und dann erzählte er dem alten Joseph von den Wäldern des Nordens, aus denen er stammte. Er erzählte ihm von den wilden, trotzigen Seelen, die dort in der Weihnachtszeit wie ein zorniges Heer durch die Täler schweifen und die Weihnachtslieder in den Dörfern mit ihrem Gesang zu übertönen versuchen.

Und was geschieht ihnen? fragte der alte Joseph erschrocken.

Aber statt zu antworten, neigte der Baum seinen Wipfel, und als der alte Zimmermann ihm mit dem Blick folgte, sah er einen kleinen Knaben, der zwischen den nächtlichen dunklen Buden daherkam und gerade auf sie zu. Es war ohne Zweifel ein kleiner römischer Knabe, aber weil er nur ein kurzes weißes Kittelchen anhatte und überaus freundlich lächelte, hielt ihn der alte Joseph für das Jesuskind, und der Tannenbaum schien derselben Meinung zu sein.

Man sollte ihm etwas schenken, sagte er aufgeregt.

In diesem Augenblick fiel dem alten Joseph, der sich an diesem Abend schon an so viel erinnert hatte, noch etwas ein. Er sah sich selbst und Maria und Jesus in dem zerfallenen Stall in Bethlehem, über dem auch ein Nadelbaum stand. Auch dieser Baum hatte sprechen können, und auch dieser Baum hatte, wie die Palme und der Ölbaum, dem Kinde etwas schenken wollen. Aber er hatte es nicht gewagt, weil er finster, trotzig und stachlig war. Er hatte ganz steif dagestanden, und das Kind Jesus hatte zu ihm aufgeschaut und seine Arme zum Himmel erhoben. Es hatte eine Menge kleiner Sternchen aus dem Himmel herabgezogen und sie dem Baum übergehängt. Und damit war Licht im Stall gewesen, lauter strahlendes Licht.

Der heilige Joseph dachte an die alte Geschichte. Wenn das wieder geschähe, dachte er. Wenn das wieder geschähe.

In diesem Augenblick begannen alle Glocken der großen Stadt Rom zu läuten, und die elektrischen Straßenlaternen gingen aus.

Der alte Joseph dachte an die trotzigen, zornigen Seelen, die jetzt in den fernen Wäldern dahintreiben mußten, und an die großen Engel, die, wie er meinte, hier an die Glocken schlugen. Er fühlte, wie ihm das Wasser in die Augen stieg, und obwohl er sich darüber ärgerte, konnte er die Tränen doch nicht zurückhalten. Er sah das Kind vor dem Tannenbaum stehen und die Arme bewundernd erheben.

Und dann sah er in der plötzlichen Dunkelheit auch die glitzernden Sterne am Himmel, und weil seine Augen voll Tränen standen, schienen sie ihm herabzustürzen und mitten in den Zweigen des Tannenbaumes zu schweben. Er hörte wieder die Stimme, die von Honigquellen und Weinflüssen sprach, und war überzeugt davon, daß zwischen damals und heute nur wenig Zeit vergangen war, nur ein ganz unwesentlicher Bruchteil Zeit.

Ich bin ganz sicher, daß in diesem Augenblick der alte Joseph wieder auf die Knie sank. Ich glaube auch, daß er nun langsam wieder zu Holz wurde, aus dem er vor vielen Jahrhunderten geschnitzt worden war. Aber wie er zurück in die Krippenausstellung gekommen ist, das weiß ich nicht.

Wenn du es wissen willst

Helmut Gollwitzer

Wenn du wissen willst, wie Gott kommt,
dann darfst du nicht nach oben schauen,
dann musst du nach unten schauen.
Wenn du es wirklich wissen willst,
dann musst du dort hinschauen,
wo verachtete Winkel sind,
wo marginalisiert wird,
wo ausgestoßen wird,
zu den schlimmsten untersten Ecken,
da unten ist Gott.
Getreten, machtlos, liebend
kommt er von ganz da unten her.

2

Dona nobis

VOM SCHENKEN UND BESCHENKTWERDEN

Schenken

PHIL BOSMANS

Und wenn du sonst nichts hättest,
so hast du doch so viel,
was du anderen schenken könntest:
ein liebes, anerkennendes Wort.
Es bereichert den, der es empfängt,
ohne den ärmer zu machen,
der es schenkt.
Es kostet ein wenig Mühe,
nur einen Augenblick –
aber die Erinnerung daran dauert ewig.
Keiner von uns ist so reich und mächtig,
als dass er ohne dieses liebe Wort
des anderen auskäme.

Gedanken über das Schenken

ROLAND SPUR

»MAN LIEBT DEN ANDERN NICHT, wenn man sich nichts von ihm schenken lassen will!«, lautet ein Sprichwort aus Nigeria. Das klingt aufs erste leicht bescheuert: Wer wollte sich denn nichts schenken lassen!

Aber ich glaube, Sie kennen das auch. Dass es solche Momente gibt, wo man ein Geschenk nicht gut annehmen kann. Vielleicht weil der andere, der mir was schenkt, mir nicht sympathisch ist. Und wenn ich das jetzt annehme, dann stehe ich in seiner Schuld – und das will ich nicht. Noch unsympathischer, solch ein Gefühl.

Und wie ist das mit den sympathischen Menschen, wenn die mir was schenken? Vielleicht haben Sie das auch erlebt, dass da Geschenke auch nicht immer unproblematisch sind: Der andere hat mich mit einem ganz teuren, kostbaren, unglaublich wertvollen Geschenk bedacht. Und das kann ich einfach nicht annehmen. – »Das ist viel zu viel. Unmöglich. Du beschämst mich. O Gott, nein! Das hab ich gar nicht verdient. Wie stehe ich dann da …« –

Aber vielleicht ist genau das der springende Punkt! Geschenke kann man sich nicht verdienen – sonst wären es keine Geschenke, bloß Waren. Ich kann sie nur annehmen, nur empfangen. Ende des Verdienens, Tauschens oder Kaufens. Also Ende des reflexartigen Ausgleichens.

Ich bekomme etwas. Punkt. Wie in der Liebe. Die kann ich auch nicht verdienen. Ich bekomme sie nur geschenkt. Und kann sie weiterschenken, klar. Und darum stimmt dieses afrikanische Sprichwort doch: »Man liebt den andern nicht, wenn man sich nichts von ihm schenken lassen will.«

Mit anderen Worten: »Man liebt den anderen nicht, wenn man sich von ihm nicht lieben lassen will.«

Die Zeit vor dem Weihnachtsfest, die Adventszeit, die können wir auch als eine Zeit nutzen, um uns innerlich darauf einzustellen, dass wir beschenkt worden sind und beschenkt werden sollen. Mit Jesus hat sich Gott so sehr verbunden, dass er uns mit ihm alles schenkt. Frieden. Gerechtigkeit. Und die Liebe. Unverdient. –

Können wir das an uns rankommen lassen und annehmen?

ROLAND SPUR

Großer Weihnachtsstern mit Bauchschärpe

Josef Reding

Hunter soll zuerst sprechen, dachten sie alle. Schließlich hatte Hunter eingeladen. Aber Hunter sprach noch nicht. Er hatte die Arme auf die Sessellehne gestützt, hielt die Fingerspitzen vor der Nasenwurzel leicht aneinander und blickte auf den Fuß des hüfthohen Kerzenständers, der unten von zwei Tigerpfoten, einer Bärenpranke und drei Känguruhufen umkleidet war. Der Kandelaber diente als Aschenbecher.

Hunter hieß nicht Hunter, sondern Fretzkoleit. Aber man nannte ihn Hunter, weil er sich mit Vorliebe jagdlich kleidete. Hunter-Look, air de chasseur, odore di cacciatore. In welcher Sprache auch immer: Fretzkoleit trug Lodenjacke, grüne Weste, grünes Hemd, braune Krawatte mit silbernem Miniaturgeweih als Nadel. Vornehmlich zu Hause war Hunter nicht Fretzkoleit. Und jetzt war er zu Hause.

Hunter-Fretzkoleit zupfte spielerisch eine Fichtenspitze aus dem Adventskranz und hielt die dichte, grüne Gräte über eine der vier Kerzenflammen auf dem armdicken Rettungsring. Es knisterte. Die Herren schnupperten. Erst als alle Gesichter unter dem Duft entspannt waren, hob Hunter den Blick und sagte:

»Ich habe Sie hergebeten, meine Herren – hm, ich darf wohl Kollegen sagen –, meine Herren Kollegen also, um die Verantwortung für eine Idee auf mehrere Schultern zu verteilen. Schließlich sind wir in der gleichen Branche. Wir stellen Weihnachtliches her. Sie, Kollege Vlitzner, Dackel mit Scharnieren. Sie, Dr. Löchner, Christbaumständer.

Sie, Konsul Lammerding, mästen Gänseheere zeit- und fristgerecht heran. Und nun meine ich: Spitzenleistungen bedürfen der Dekoration. Die Filmfritzen haben ihren Oscar, die Olympioniken ihre Medaillen und die Berufseuropäer ihren Karlspreis. Was aber haben wir, die wir die Weihnachtsfreude im Demos systematisch heranzüchten und solide unterbauen? Was haben wir, die wir uns das ganze Jahr hindurch abstrampeln und rackern, um dem Volke einen Tag so strahlend wie möglich zu machen?«

»Nichts«, sagte Konsul Lammerding. Er sagte es traurig, weil traurig sein sanfter Bass wirkungsvoll zur Geltung kam.

»Darum, liebe Kollegen, schlage ich eine Auszeichnung vor, die unser Tun ins rechte Licht rückt.«

»Ins rechte Tannenbaumlicht gewissermaßen«, kicherte Dr. Löchner. Aber die eisigen Blicke der anderen ließen sein Lachen auf Raten schnell wieder einfrieren.

»Ins rechte Licht der breitesten Öffentlichkeit rückt«, sagte Hunter-Fretzkoleit. »Ein Zeichen für weihnachtlichen Verdienst.«

»Hieße es nicht besser: weihnachtliches Verdienst? Die Leute könnten an Umsätze denken!«, warf Konsul Lammerding besorgt ein.

»Verzeihung. Lapsus linguae«, korrigierte sich Hunter-Fretzkoleit gelassen. »Die weihnachtlichen Meriten unsererseits sollten einer weithin sichtbaren, leuchtenden ...«

»Möööönsch, wir machen einen Ehrendoktor, den Dr. weihnachtshalber oder so«, begeisterte sich Vlitzner. Er hätte glatt achtzigtausend Scharnierdackel für einen solchen Titel ausgeworfen oder den finanziellen Gegenwert, versteht sich, wenn eine Universität ihn derart geadelt haben würde.

»Ich dachte eher an etwas Tragbares, Greifbares. Ich schlage den hier anwesenden Herren die Bildung eines Konsortiums zur Stiftung des ›Großen Weihnachtssterns mit Schulterband und Bauchschärpe‹ vor!« – Hunter-Fretzkoleit lehnte sich zurück und genoss das jähe Erstaunen der anderen.

Konsul Lammerding klatschte. Aber da er mit dem Klatschen allein blieb, steckte er die Hände in die Jackentaschen und sagte: »Bravo!«

»Placet!«, sagte Dr. Löchner.

»Doller Werbewert«, murmelte Vlitzner.

Und »also einstimmig angenommen«, stellte Hunter-Fretzkoleit fest, »denn ich bin natürlich nicht gegen meinen eigenen Vorschlag.«

»Aber wer soll ihn nun kriegen von uns, diesen ›Großen Weihnachtsstern mit Bauchschärpe und Schulterband‹?«, fragte Vlitzner.

»Von uns hier Anwesenden natürlich keiner, Herr Vlitzner«, sagte Hunter-Fretzkoleit. »Jedenfalls in den ersten Jahren nicht. Wäre eine unfeine Geste. Sähe nach Selbstbeweihräucherung aus. Schließlich können Juroren sich nicht gegenseitig was um den Hals hängen ...«

»Sondern nur Militärs.« Das war Konsul Lammerding.

»Was also schlagen Sie vor?«, fragte Vlitzner.

»Ich schlage vor, den Herrn mit der nachhaltigsten Arbeit für das Gelingen des Festes auszuzeichnen. Die Persönlichkeit, zu der die meisten Menschen strömen und deren Name vor, am und nach dem Weihnachtsfest in aller Munde ist.«

»Karstadt?«, erkundigte sich Vlitzner, denn auch bei Karstadt gab es seit dem Vorjahr Dackel mit Scharnieren.

»Warum nicht Karstadt?«, sagte Hunter–Fretzkoleit. »Der Mann macht keine schlechte Figur, weder an der Kasse ...«

»... noch im Sattel«, bestätigte Konsul Lammerding.

»... in allen Sätteln«, stimmte Vlitzner zögernd zu. Hunter-Fretzkoleit blickte ermunternd zu Dr. Löchner hinüber.

»Na, Kollege Löchner, meinen Sie nicht auch, dass wir den Weihnachtsstern als erstem diesem Herrn zuerkennen sollten, in dessen Hand der Sinn und das Gewicht des Festes bisher am besten aufgehoben waren?«

»Na ja«, sagte Dr. Löchner nachdenklich. »Liegen Sinn und Gewicht von Weihnachten nicht eher in Christo?«

»Christo?«, fragte Hunter-Fretzkoleit unmutig und drehte am Hirschhornknopf über dem Herzen. »Meinen Sie den Professor Christo von der Kulturabteilung im Industrieverband? Den mit dem Zickenbart etwa? Das ist ja ein ganz mickriges Licht, sage ich Ihnen. Da hat Karstadt ein ganz, aber schon ein ganz anderes Format.«

JOSEF REDING

In der Christnacht

Ottokar Kernstock

Ein Bettelkind schleicht durch die Gassen –
Der Markt lässt seine Wunder seh'n:
Lichtbäumchen, Spielzeug, bunte Massen.
Das Kind blieb traumverloren steh'n.

Aufseufzt die Brust, die leidgepresste,
Die Wimpern sinken tränenschwer.
Ein freudlos Kind am Weihnachtsfeste –
Ich weiß kein Leid, das tiefer wär'.

Im Prunksaal gleißt beim Kerzenscheine
Der Gaben köstliches Gemisch,
Und eine reichgeputzte Kleine
Streicht gähnend um den Weihnachtstisch.

Das Schönste hat sie längst, das Beste,
Ihr Herz ist satt und wünscht nichts mehr.
Ein freudlos Kind am Weihnachtsfeste –
Ich weiß kein Leid, das tiefer wär'.

Doch gält's in Wahrheit zu entscheiden,
Wer des Erbarmens Preis verdient –
Ich spräch': Das ärmste von euch beiden
Bist du, du armes reiches Kind!

Auggie Wrens Weihnachtsgeschichte

PAUL AUSTER

ICH HABE DIESE GESCHICHTE VON AUGGIE WREN GEHÖRT. Da Auggie darin keine allzu gute Figur macht, jedenfalls keine so gute, wie er es gerne hätte, hat er mich gebeten, seinen richtigen Namen zu verschweigen. Im übrigen aber entspricht die ganze Sache mit der verlorenen Brieftasche und der blinden Frau und dem Weihnachtsessen genau dem, was er mir erzählt hat.

Auggie und ich kennen uns jetzt seit fast elf Jahren. Er arbeitet als Verkäufer in einem Zigarrengeschäft an der Court Street in Brooklyn, und da dies der einzige Laden ist, der die kleinen holländischen Zigarren führt, die ich so gerne rauche, komme ich ziemlich oft dort vorbei. Lange Zeit habe ich kaum einen Gedanken an Auggie Wren verschwendet. Für mich war er nur der seltsame kleine Mann im blauen Sweatshirt mit Kapuze, der mir Zigarren und Zeitschriften verkaufte, der schelmische, witzelnde Typ, der immer etwas Komisches über das Wetter, die Mets oder die Politiker in Washington zu sagen hatte, und das war auch schon alles.

Aber dann blätterte er vor einigen Jahren eines Tages in seinem Laden eine Zeitschrift durch und stieß dabei zufällig auf eine Rezension eines meiner Bücher. Daß ich es war, sagte ihm ein Foto neben der Rezension, und danach änderten sich die Dinge zwischen uns. Ich war für Auggie nicht mehr nur ein Kunde unter anderen, ich war zu einem Mann von Rang geworden. Die meisten Leute hatten keinerlei Interesse an Büchern und Schriftstellern, aber wie sich herausstellte, hielt

Auggie sich selbst für einen Künstler. Nachdem er das Rätsel um meine Person geknackt hatte, begrüßte er mich wie einen Verbündeten, einen Vertrauten, einen Kampfgenossen. Mir war das, ehrlich gesagt, ziemlich peinlich. Und dann kam fast unvermeidlich der Augenblick, da er mich fragte, ob ich bereit sei, mir seine Fotografien anzusehen. In Anbetracht seiner Begeisterung und seines guten Willens brachte ich es einfach nicht übers Herz, nein zu sagen.

Weiß Gott, was ich erwartet habe. Auf alle Fälle nicht das, was Auggie mir dann am nächsten Tag gezeigt hat. In einem kleinen fensterlosen Hinterzimmer des Ladens öffnete er eine Pappschachtel und zog zwölf völlig gleich aussehende schwarze Fotoalben daraus hervor. Dies sei sein Lebenswerk, sagte er, und er brauche nicht mehr als fünf Minuten am Tag dafür. In den letzten zwölf Jahren habe er jeden Morgen um Punkt 7 Uhr an der Ecke Atlantic Avenue und Clinton Street gestanden und jeweils aus genau demselben Blickwinkel ein Farbfoto aufgenommen. Das Projekt umfaßte inzwischen über viertausend Fotografien. Jedes Album repräsentierte ein anderes Jahr, und sämtliche Bilder waren der Reihe nach eingeklebt, vom 1. Januar bis zum 31. Dezember, und unter jedes einzelne war sorgfältig das Datum eingetragen.

Als ich in den Alben herumblätterte und Auggies Werk zu studieren begann, wußte ich gar nicht, was ich denken sollte. Anfangs hatte ich den Eindruck, dies sei das Seltsamste, das Verblüffendste, was ich je gesehen hatte. Die Bilder glichen sich aufs Haar. Das ganze Projekt war ein betäubender Angriff von Wiederholungen, wieder und wieder dieselbe Straße und dieselben Gebäude, ein anhaltendes Delirium redundanter Bilder. Da mir nichts dazu einfiel, schlug ich erst einmal weiter die Seiten um und nickte voll geheuchelter Anerkennung. Auggie schien ungerührt, er sah mir mit breitem Lächeln zu, aber nachdem ich ein paar Minuten so herumgeblättert hatte, unterbrach er mich plötzlich und sagte: »Sie sind zu schnell. Wenn Sie nicht langsamer machen, werden Sie nie dahinterkommen.«

Er hatte natürlich recht. Wer sich keine Zeit zum Hinsehen nimmt, wird niemals etwas sehen. Ich nahm ein anderes Album und zwang mich, bedächtiger vorzugehen. Ich achtete genauer auf Einzelheiten, bemerkte den Wechsel des Wetters, registrierte die mit dem Fortschreiten der Jahreszeiten sich ändernden Einfallswinkel des Lichts. Schließlich vermochte ich subtile Unterschiede im Verkehrsfluß zu erkennen, den Rhythmus der einzelnen Tage vorauszuahnen (das Gewühl an Werktagen, die relative Ruhe der Wochenenden, den Kontrast zwischen Samstagen und Sonntagen). Und dann begann ich ganz allmählich die Gesichter der Leute im Hintergrund zu erkennen, die Passanten auf dem Weg zur Arbeit, jeden Morgen dieselben Leute an derselben Stelle, wie sie einen Augenblick ihres Lebens im Blickfeld von Auggies Kamera verbrachten.

Sobald ich sie wiedererkannte, begann ich zu erforschen, wie ihre Haltungen von einem Morgen zum anderen wechselten; ich versuchte aus diesen oberflächlichen Anzeichen auf ihre Stimmungen zu schließen, als ob ich mir Geschichten für sie ausdenken könnte, als ob ich in die unsichtbaren, in ihren Körpern eingeschlossenen Dramen eindringen könnte. Ich nahm mir ein anderes Album vor. Jetzt war ich nicht mehr gelangweilt, nicht mehr verwirrt wie am Anfang. Auggie fotografierte die Zeit, wurde mir klar, sowohl die natürliche Zeit als auch die menschliche Zeit, und dies bewerkstelligte er, indem er an der Stelle, die er sich erwählt hatte, Wache hielt. Auggie sah mir zu, wie ich mich in sein Werk vertiefte, und lächelte vergnügt in sich hinein. Und dann zitierte er, schier als hätte er meine Gedanken gelesen, eine Zeile aus Shakespeare. »Morgen, morgen und dann wieder morgen«, murmelte er leise, »kriecht so mit kleinem Schritt die Zeit von Tag zu Tag.« Und da begriff ich, daß er ganz genau wußte, was er da tat.

Das war vor mehr als zweitausend Bildern. Seit jenem Tag haben Auggie und ich oft über sein Werk diskutiert, aber erst letzte Woche habe ich erfahren, wie er überhaupt an seine Kamera gekommen ist und mit dem Fotografieren angefangen hat. Darum ging es in der Geschichte, die er mir erzählte, und ich versuche mir noch immer einen Reim darauf zu machen.

Etwas früher in derselben Woche rief mich jemand von der »New York Times« an und fragte, ob ich bereit sei, für die Weihnachtsausgabe dieser Zeitung eine Short Story zu schreiben. Spontan sagte ich nein, aber der Mann war sehr charmant und hartnäckig, und am Ende des Gesprächs sagte ich ihm zu, daß ich es versuchen würde. Kaum hatte ich jedoch den Hörer aufgelegt, geriet ich in helle Panik. Was wußte ich schon von Weihnachten? fragte ich mich. Was wußte ich von auf Bestellung geschriebenen Kurzgeschichten?

Die nächsten Tage verbrachte ich in Verzweiflung, rang mit den Geistern von Dickens, O'Henry und anderen Meistern der weihnachtlichen Stimmung. Schon der Ausdruck »Weihnachtsgeschichte« war für mich mit unangenehmen Assoziationen verknüpft, ich konnte dabei nur an gräßliche Ergüsse von heuchlerischem Schmalz und süßlichem Kitsch denken. Selbst die besten Weihnachtsgeschichten waren nicht mehr als Wunscherfüllungsträume, Märchen für Erwachsene, und ich wollte mich hängen lassen, wenn ich mir jemals erlaubte, etwas Derartiges zu Papier zu bringen. Und doch, wie konnte sich irgendwer vornehmen, eine unsentimentale Weihnachtsgeschichte zu schreiben? Das war doch ein Widerspruch in sich, ein Ding der Unmöglichkeit, ein unlösbares Rätsel. Ebenso gut konnte man sich ein Rennpferd ohne Beine vorstellen oder einen Spatz ohne Flügel. Ich kam nicht weiter.

Am Donnerstag machte ich einen langen Spaziergang, ich hoffte, an der frischen Luft einen klaren Kopf zu bekommen. Kurz nach Mittag trat ich in das Zigarrengeschäft, um meinen Vorrat wieder aufzufüllen, und Auggie stand wie immer hinter dem Ladentisch. Er erkundigte sich nach meinem Befinden. Ohne es eigentlich zu wollen, schüttete ich ihm plötzlich mein Herz aus.

»Eine Weihnachtsgeschichte?«, fragte er, nachdem ich fertig war. »Ist das alles? Wenn Sie mir ein Essen spendieren, mein Freund, erzähle ich Ihnen die beste Weihnachtsgeschichte, die Sie je gehört haben. Und ich garantiere, daß jedes Wort davon die reine Wahrheit ist.«

Wir gingen den Block runter zu Jack's, einem engen und lärmenden Imbiß, wo es gute Pastrami-Sandwiches gab und alte Mannschaftsfotos von den Dodgers an den Wänden. Wir fanden hinten einen freien Tisch, bestellten unser Essen, und Auggie begann seine Geschichte.

»Es war im Sommer '72«, sagte er. »Eines Morgens kam ein junger Bursche in den Laden und fing an zu stehlen. Er wird neunzehn oder zwanzig gewesen sein, und ich habe wohl in meinem ganzen Leben noch keinen so erbärmlichen Ladendieb gesehen. Er stand vor dem Taschenbuchregal an der hinteren Wand und stopfte sich Bücher in die Taschen seines Regenmantels. Da gerade mehrere Leute an der Kasse standen, konnte ich ihn zunächst gar nicht sehen. Aber sobald ich merkte, was er da trieb, fing ich an zu schreien. Er nahm Reißaus wie ein Karnickel, und als ich endlich hinterm Ladentisch hervor konnte, stürmte er bereits die Atlantic Avenue hinunter. Ich habe ihn etwa einen halben Block weit verfolgt und es dann aufgegeben. Ich hatte keine Lust mehr, ihm nachzurennen, und da er unterwegs etwas hatte fallen lassen, bückte ich mich danach.

Es war seine Brieftasche. Geld war keins drin, dafür aber sein Führerschein und drei oder vier Schnappschüsse. Ich nehme an, ich hätte die Polizei holen und ihn verhaften lassen können. Sein Name und seine Adresse standen auf dem Führerschein, aber irgendwie tat er mir leid. Er war doch bloß ein mickriger kleiner Anfänger, und als ich mir die Bilder in seiner Brieftasche ansah, konnte ich einfach keine Wut auf ihn empfinden. Robert Goodwin. So hieß er. Auf einem der Bilder, erinnere ich mich noch, hatte er seine Mutter oder Großmutter im Arm. Auf einem anderen war er als Neun- oder Zehnjähriger zu sehen, er saß da in einem Baseballdress und grinste breit vor sich hin. Ich habe es einfach nicht übers Herz gebracht. Jetzt war er vermutlich drogensüchtig, dachte ich mir. Ein armer, chancenloser Junge aus Brooklyn, und wen kümmerten schon ein paar läppische Taschenbücher?

Die Brieftasche habe ich jedenfalls behalten. Ab und zu hatte ich ein leises Bedürfnis, sie ihm zurückzuschicken, aber das habe ich immer wieder aufgeschoben und nie etwas unternommen. Dann wird es Weihnachten, und ich sitze rum und habe nichts zu tun. Normalerweise lädt mich der Chef an diesem Tag zu sich nach Hause ein, aber in dem Jahr war er mit seiner Familie zu Besuch bei Verwandten in Florida. Da sitze ich also an diesem Morgen in meiner Wohnung und bemitleide mich ein bißchen, und plötzlich sehe ich Robert Goodwins Brieftasche auf einem Regal in der Küche liegen. Ich denke, was zum Teufel, warum nicht ausnahmsweise mal was Nettes tun, ziehe meinen Mantel an und mache mich auf den Weg, die Brieftasche persönlich zurückzugeben.

Die Adresse war in Boerum Hill, in irgendeiner der Siedlungen da. Es fror an diesem Tag, und ich weiß noch, daß ich mich auf der Suche nach dem richtigen Gebäude ein paarmal verlaufen habe. In dieser Gegend sieht alles gleich aus, man läuft immer durch dieselbe Straße und denkt, man wäre ganz woanders.

Jedenfalls komme ich endlich zu der Wohnung, die ich suche, und drücke auf die Klingel. Tut sich nichts. Ich nehme an, es ist niemand zu Hause, versuche es aber zur Sicherheit noch einmal. Ich warte ein bißchen länger, und gerade als ich es aufgeben will, höre ich wen zur Tür schlurfen. Eine alte Frauenstimme fragt, wer da ist, und ich sage, ich möchte zu Robert Goodwin. ›Bist du das, Robert?‹, fragt die alte Frau, und dann schließt sie ungefähr fünfzehn Schlösser auf und öffnet die Tür. Sie muß mindestens achtzig Jahre alt sein, vielleicht sogar neunzig, und als erstes fällt mir an ihr auf, daß sie blind ist. ›Robert‹, sagt sie. ›Ich wußte, du würdest deine Oma Ethel zu Weihnachten nicht vergessen.‹ Und dann breitet sie die Arme aus, als ob sie mich an sich drücken will.

Sie verstehen, ich hatte nicht viel Zeit zum Denken. Ich mußte ganz schnell etwas sagen, und ehe ich wußte, wie mir geschah, hörte ich die Worte aus meinem Mund kommen. ›Ja, Oma Ethel‹, sage ich. ›Ich bin zurückgekommen, um dich an Weihnachten zu besuchen.‹ Fragen Sie mich nicht, warum ich das getan habe. Ich habe keine Ahnung. Vielleicht wollte ich sie nicht enttäuschen oder so, was weiß ich. Es ist mir einfach so rausgerutscht, und plötzlich hat diese alte Frau mich vor ihrer Tür in die Arme genommen, und ich habe sie an mich gedrückt.

Daß ich ihr Enkel sei, habe ich nicht direkt gesagt. Jedenfalls nicht mit diesen Worten, aber sie hat es so aufgefaßt. Ich wollte sie bestimmt nicht reinlegen. Das war wie ein Spiel, für das wir uns beide entschieden hatten – ohne erst über die Regeln zu diskutieren. Ich meine, diese Frau hat gewußt, daß ich nicht ihr Enkel Robert war. Sie war alt und klapprig, aber sie war nicht so weit weggetreten, daß sie den Unterschied zwischen einem Fremden und ihrem eigen Fleisch und Blut nicht gemerkt hätte. Aber es hat sie glücklich gemacht, so zu tun als ob, und da ich sowieso nichts Besseres zu tun hatte, habe ich gerne mitgespielt.

Wir sind dann also rein und haben den Tag zusammen verbracht. Die Wohnung war ein richtiges Dreckloch, sollte ich vielleicht sagen, aber was kann man sonst auch von einer blinden Frau erwarten, die ihren Haushalt ganz alleine macht? Immer wenn sie mich gefragt hat, wie es mir geht, hab ich gelogen und ihr erzählt, ich hätte einen guten Job in einem Zigarrenladen gefunden, ich würde demnächst heiraten und hundert andere nette Geschichten, und sie hat so getan, als ob sie mir jedes Wort glauben würde. ›Wie schön, Robert‹, hat sie gesagt und lächelnd genickt. ›Ich habe ja immer gewußt, daß du es zu etwas bringen würdest.‹

Nach einer Weile bekam ich ordentlich Hunger. Da nicht viel Essen im Haus zu sein schien, bin ich zu einem Laden in der Nähe gegangen und habe einen Haufen Zeug gekauft. Ein gekochtes Huhn, Gemüsesuppe, ein Eimerchen Kartoffelsalat, Schokoladenkuchen, alles mögliche. Ethel hatte im Schlafzimmer ein paar Flaschen Wein versteckt, und so konnten wir ein ganz ordentliches Weihnachtsessen auf die Beine stellen. Der Wein hat uns ein bißchen angeheitert, das weiß ich noch, und nach dem Essen haben wir uns ins Wohnzimmer gesetzt, weil die Sessel da bequemer waren. Ich mußte mal pinkeln, also entschuldigte ich mich und ging durch den Flur zum Badezimmer.

Und da nahmen die Dinge plötzlich eine andere Wendung. Meine kleine Nummer als Ethels Enkel war ja schon reichlich absurd, aber was ich dann als nächstes tat, war absolut verrückt, und ich habe mir das nie verziehen.

Ich komme also ins Bad, und an der Wand gleich neben der Dusche sehe ich sechs oder sieben Kameras aufgestapelt. Nagelneue 35-Millimeter-Kameras, noch in der Verpackung, allerbeste Ware. Ich denke, das ist das Werk des echten Robert, ein Lagerplatz für seine letzte Beute. Ich habe noch nie in meinem Leben ein Foto gemacht, und gestohlen habe ich auch noch nie etwas, aber kaum sehe ich diese Kameras im Badezimmer, beschließe ich, daß eine davon mir gehören soll. Einfach so. Und ohne eine Sekunde nachzudenken, klemme ich mir eine Schachtel unter den Arm und gehe ins Wohnzimmer zurück.

Ich kann höchstens drei oder vier Minuten weg gewesen sein, aber in dieser Zeit war Oma Ethel in ihrem Sessel eingeschlafen. Zuviel Chianti, nehme ich an. Ich habe dann in der Küche den Abwasch gemacht, und sie hat bei dem ganzen Lärm weitergeschlafen und geschnarcht wie ein Baby. Sie zu stören schien mir vollkommen überflüssig, also beschloß ich zu gehen. Ich konnte ihr noch nicht einmal einen Brief zum Abschied schreiben, schließlich war sie ja blind, und so bin ich einfach gegangen. Die Brieftasche ihres Enkels ließ ich auf dem Tisch liegen, dann nahm ich die Kamera und ging aus der Wohnung. Und damit ist die Geschichte aus.«

»Haben Sie die Frau noch mal besucht?« fragte ich.

»Einmal«, sagte er. »Etwa drei oder vier Monate danach. Ich hatte ein so schlechtes Gewissen wegen der Kamera, daß ich sie noch gar nicht benutzt hatte. Am Ende beschloß ich, sie ihr zurückzugeben, aber Ethel war nicht mehr da. Ich weiß nicht, was aus ihr geworden ist, aber es war jemand anders in die Wohnung eingezogen, und der konnte mir nicht sagen, wo sie steckte.«

»Wahrscheinlich ist sie gestorben.«

»Tja, wahrscheinlich.«

»Das heißt, sie hat ihr letztes Weihnachtsfest mit Ihnen verbracht.«

»Anzunehmen. So habe ich das noch nie gesehen.«

»Es war eine gute Tat, Auggie. Das war nett von Ihnen, ihr die Freude zu machen.«

»Ich habe sie angelogen, und dann habe ich sie bestohlen. Ich verstehe nicht, wie Sie das eine gute Tat nennen können.«

»Sie haben sie glücklich gemacht. Und die Kamera war sowieso gestohlen. Sie haben sie jedenfalls nicht demjenigen weggenommen, dem sie wirklich gehört hat.«

»Alles für die Kunst, Paul, wie?«

»So würde ich das nicht ausdrücken. Aber zumindest haben Sie die Kamera für einen guten Zweck verwendet.«

»Und Sie haben jetzt Ihre Weihnachtsgeschichte, stimmt's?«

»Ja«, sagte ich. »Ich glaube schon.«

Ich unterbrach mich kurz und sah, daß Auggies Lippen sich zu einem boshaften Lächeln verzogen. Ich konnte nicht sicher sein, aber sein Blick war in diesem Moment so rätselhaft, leuchtete so hell von irgendeinem innerlichen Vergnügen, daß mir plötzlich der Gedanke kam, er könnte die ganze Geschichte erfunden haben. Ich wollte ihn schon fragen, ob er mich auf den Arm genommen habe, erkannte dann aber, daß er mir das nie verraten würde. Er hatte mich dazu gebracht, ihm zu glauben, und das war das einzige, was zählte. Solange auch nur ein Mensch daran glaubt, gibt es keine Geschichte, die nicht wahr sein kann.

PAUL AUSTER

»Sie sind ein Ass, Auggie«, sagte ich. »Danke, daß Sie mir geholfen haben.«

»Gern geschehen«, antwortete er und sah mich noch immer mit diesem irren Leuchten in den Augen an. »Was für Freunde sind das denn, wenn man seine Geheimnisse nicht mit ihnen teilen kann?«

»Dann stehe ich jetzt in Ihrer Schuld.«

»Aber nein. Schreiben Sie es einfach so auf, wie ich es Ihnen erzählt habe, und damit sind wir quitt.«

»Bis auf das Essen.«

»Stimmt. Bis auf das Essen.«

Ich erwiderte Auggies Lächeln, rief dann nach dem Kellner und bat um die Rechnung.

Ein Hemd

WALTER BENJAMIN

IN EINEM CHASSIDISCHEN DORF, SO ERZÄHLT MAN, saßen eines Abends zu Sabbath-Ausgang in einer ärmlichen Wirtschaft die Juden. Ansässige waren es, bis auf einen, den keiner kannte, einen ganz ärmlichen, zerlumpten, der im Hintergrunde im Dunkeln einer Ecke kauerte.

Hin und her waren die Gespräche gegangen. Da brachte einer auf, was sich wohl jeder zu wünschen dächte, wenn er einen Wunsch frei hätte.

Der eine wollte Geld, der andere einen Schwiegersohn, der dritte eine neue Hobelbank, und so ging es die Runde herum. Als jeder zu Worte gekommen war, blieb noch der Bettler in der dunklen Ecke.

Widerwillig und zögernd gab er den Fragern nach:

»Ich wollte, ich wäre ein großmächtiger König und herrschte in einem weiten Lande und läge nachts und schliefe in meinem Palast und von der Grenze bräche der Feind herein und ehe es dämmerte wären die Berittenen bis vor mein Schloß gedrungen und keinen Widerstand gäbe es und aus dem Schlaf geschreckt, nicht Zeit mich auch nur zu bekleiden, und im Hemd, hätte ich meine Flucht antreten müssen und sei durch Berg und Tal und über Wald und Hügel und ohne Ruhe Tag und Nacht gejagt, bis ich hier auf der Bank in eurer Ecke gerettet angekommen wäre. Das wünsche ich mir.«

Verständnislos sahen die anderen einander an.

»Und was hättest du von diesem Wunsch?« fragte einer. –

»Ein Hemd«, war die Antwort.

WALTER BENJAMIN

Die dritte Kerze

Paul Alverdes

Bei Tage war Heinrich meist wie ein Erwachsener gekleidet, obwohl er erst halb so groß war. Er trug dann einen steifen Kragen mit einer schwarzen Binde und einen Anzug mit langen Hosen von der gleichen Farbe. Er passte ihm nicht recht, die Hosen reichten ihm bis hoch über die Brust. Aber das konnte niemand sehen, auch hielt es im Winter besser warm. Das borstige Haar endlich musste er mit Pomade säuberlich festlegen, damit es den Scheitel hielt. Sie war ihm von Frau Schmitz eigens zu diesem Zweck übergeben worden. Frau Schmitz war die Wirtin im Gasthaus »Zur Goldenen Kugel« in der kleinen alten Stadt am Niederrhein, und Heinrich diente dort als Kellnerlehrling, wie es auf dem Zuweisungsschein der betreuenden Behörde vermerkt war.

Heinrich war hier nicht zu Hause. Er stammte aus dem Oderbruch. Wie er hierher geraten war, elternlos und auch ohne Geschwister, das ist eine andere Geschichte. Sie ist in den Berichten von ungezählten Vertriebenen ähnlich oder gleichlautend zu lesen.

Jedenfalls hing es mit ihr auch zusammen, dass ihm der schwarze Anzug zu groß war. Er stammte aus der Hinterlassenschaft der beiden Söhne von Frau Schmitz. Sie waren aus Russland nicht wiedergekommen. Frau Schmitz sprach selten davon und zu Heinrich überhaupt nicht. Sie behandelte ihn rau und war sehr wortkarg mit ihm. Auf der Nase trug sie einen altmodischen Zwicker mit einem schwarzen Bügel zwischen den schräg herabhängenden Gläsern. Er machte ihr Gesicht nicht freundlicher. Wenn sie ihn abnahm, so blieben zwei tiefe rote Furchen an den Augen stehen. Es sah aus, als habe sie geweint. Sie hatte ja auch Grund dazu. Aber keinen Grund hatte sie eigentlich, es dem kleinen Heinrich mit ihrem barschen Wesen und ihrer Verschlossenheit so schwer zu machen. Er hatte es ohnehin schwer genug. Vielleicht rührte es von einem Groll her, den sie, ihr selber nur dunkel bewusst, gegen alle diese Fremdlinge hegte. Es war ein blinder Groll, als seien sie an allem Elend schuld, das über das Land, die Stadt und auch über Frau Schmitz gekommen war.

Ihr Haus, ein viele hundert Jahre altes Haus, war freilich erhalten geblieben. Nur die goldene Kugel hoch oben in dem getreppten Giebel, nach der es den Namen hatte, war nicht mehr golden, sondern schwarz gefärbt von dem Qualm der vielen Brände, die einen Teil auch der kleinen Stadt in Asche gelegt hatten. Unter diesem Giebel befand sich die Stube, in der die verschollenen Söhne gehaust hatten. Frau Schmitz erhielt sie in dem Zustand der Jahre vor ihrem Auszug. Auch hatte sie im Winter stets ein Feuer in dem Kachelofen brennen, obwohl niemand mehr in der Stube wohnte und auch keiner mehr zu erwarten war.

Heinrich aber war eine Kammer nebenan zugewiesen worden, doch eigentlich war sie nur ein Abstellwinkel, ofenlos unter dürftig verschalten Dachsparren. Sie besaß auch kein Fenster, nur eine Luke in der Schräge des Giebels, mit moosgrünem Glas verkleidet, die ein trübes Licht hereinließ. Man konnte sie aber aufklappen. Manchmal, wenn er Zeit dazu hatte, stellte sich Heinrich auf einen wackeligen Stuhl darunter und blickte hinaus. Dann sah er die alten Giebel vor sich, die das Feuer verschont hatte, und in der Ferne dahinter den grauen Rheinstrom. Es erinnerte ihn an die Oder daheim. Darum stand er gern dort, doch kam er nur selten einmal dazu, denn wenn er tief in der Nacht hinauf in seine Kammer gestiegen kam, hatte er es immer sehr eilig, unter die dürftige Decke zu kriechen. Beim Licht einer Kerze tat er dann den schwarzen Anzug von sich und den steifen Kragen, der ihm den Hals wund scheuerte. Dann war zu sehen, dass er wirklich kein Erwachsener war, sondern ein Knäblein, zitternd vor Frost, mit dünnen Beinen und schmaler Brust. Zum Glück schlief er vor Müdigkeit immer gleich ein und hatte darum wenig Gedanken über sich selbst.

Wie nun aber der Winter auch sehr strenge in das Land am Niederrhein kam und die kleinen Flussläufe und Kanäle in der Ebene dort in Bande schlug, da stiegen doch allerlei Gedanken in ihm auf, und die Erinnerung, wie es zu Hause um diese Zeit gewesen war, wurde immer mächtiger in ihm. Das Schönste war das Eislaufen auf den Altwassern der Oder mit den Spielgefährten gewesen. Meilenweit glitten sie durch das froststarre Land. Sie spielten Forschungsreise am Nordpol dabei oder auch nur einfach Schiffer oder Flieger. Das Eis trug sie schwerelos dahin, und ein Freuen, so übermächtig, erfüllte sie, dass sie laut schreien mussten.

Einmal an einem freien Nachmittag, denn er stand ihm zu, wenn es Frau Schmitz auch nur verdrossen einräumte, war Heinrich an einen Eislaufplatz vor der Stadt geraten. Musik erschallte aus einem Lautsprecher, und sooft er verstummte, hörte man in der plötzlichen Stille die Schlittschuhe das Eis schaben und die fröhlichen Rufe der Kinder. Heinrich stand verzaubert und schaute den ganzen Nachmittag zu. Er lächelte, und wenn die Musik wieder einsetzte, wiegte er sich sachte in den Hüften mit. Er war ein Kenner und sehr einverstanden, wenn er auch ohne Schlittschuhe nur draußen stand, am Rande der Lust. Damals muss er den Entschluss gefasst haben, der am Ende zum Guten ausgeschlagen ist, auch für Frau Witwe Schmitz, obwohl es zuerst anders aussah.

Oben in dem Flur unter der goldenen Kugel hatte Frau Schmitz einen alten Schrank stehen, an dem sie den Schlüssel manchmal stecken ließ. Heinrich hatte zuweilen neugierig hineingesehen, wenn er sich in der Frühe hinunter an seine Arbeit begab. Er fand allerlei alten Spielkram und Bücher aus der Knabenzeit der verschollenen Söhne darin verwahrt.

Innen an der Tür aber blinkte ein Paar erlesen gearbeiteter Schlittschuhe, die gerade für seine Füße passen mochten. Er hatte es sich wohl gemerkt und musste immer öfter daran denken. Es verging aber noch eine ganze Weile, bis er sich eines Nachmittags endlich das Herz fasste, auf den Flur hinaufzuschleichen und sie an sich zu nehmen. Da stand der Heilige Abend schon bevor, für den Frau Schmitz nur ein paar einsame Stammgäste erwartete. Bis dahin hielt sie heute das Geschäft geschlossen. Auch Heinrich dachte, bis dahin längst wieder zurück zu sein. Hastig schob er die Schlittschuhe unter die Jacke und machte sich auf den Zehenspitzen aus dem Haus. Den schwarzen Anzug hatte er anbehalten. Die Hose wärmte ihm die Brust, und er wollte nach seinem Ausflug keine Zeit mehr verlieren, sondern gleich vom Eisplatz an seine Arbeit zurückkehren.

Er ist dann aber doch nicht zu dem Eisplatz gegangen. Das Geld für den Eintritt reute ihn, und übermächtig zog ihn die Erinnerung weiter hinaus vor die Stadt, wo hinter den letzten Fabriken und den gesprengten Bunkern der schmale Kanal begann, der sich zwischen Dämmen und unter Brücken und Stegen hindurch weit in das Land verlor. Er war mit schwarzblinkendem Eis zugefroren, über das der Wind den weißen Schneestaub jagte. Es war fast wie zu Hause an den Altwassern der Oder, und wirklich passten ihm die Schlittschuhe so gut wie einst seine eigenen.

Zum ersten Male seit langer Zeit war er wieder grundlos froh. Mit einem glücklichen Lächeln auf den Lippen zog er eine Zeit lang in bescheidenen Kehren auf dem Eise hin und her. Aber dann duckte er sich mit einem Male nieder, und mit den stählernen Spitzen einhakend setzte er zu dem wilden Eisgalopp an, in dem er schon als kleiner Kerl ein Meister gewesen war. Erst als ihm der Atem ausgehen wollte, richtete er sich wieder auf. Da war er schon weit von seinem Ausgangsort entfernt. Er war ganz allein; ohne Unterlass strich der Wind über das öde, weiß dämmernde Gefild, aber er erweckte schöne Gedanken in ihm. Er hatte sich jetzt in einen kühnen Forscher verwandelt, welcher einsam seine Spuren durch die Eiswüste am Nordpol zog. Aber zu gleicher Zeit, wie das geschehen kann, wenn sich ein junges Wesen freut, durchspielten andere Bilder sein Herz. Beispielsweise konnte man den Heiligen Drei Königen begegnen, bei den verlassenen Ruinen der Bunker, wo sie um ihre Feuer saßen, oder es wäre plötzlich eine unerklärliche Musik in den Lüften, oder Eisbären kämen in Rudeln über den Schnee getrabt. Auch schwebte es sich jetzt wie im Traume so mühelos und so selig über die spiegelnde Bahn dahin, inmitten der unabsehbaren Ebene, auf der alles Leben unter dem Schnee begraben ruhte. Erst als er die blaue Mauer eines Waldes in der Ferne auftauchen sah, hielt er inne und wollte sich zur Umkehr wenden. Zugleich gab das Eis unter seinen Füßen mit dumpfem Platzen nach.

Starr und stumm vor Entsetzen stand er bis an die Hüften in der Flut, die Hände auf das heile Eis hinter sich gestemmt, und vermochte sich nicht zu rühren. Erst nach einer Weile gelang es ihm, sich mit aller Vorsicht rückwärts aus dem Loch herauszuarbeiten. Zum Glück war er nahe dem Ufer eingebrochen. Erst als er oben auf dem niederen Damm stand, ward er inne, dass er nur den einen Schlittschuh mit herausgebracht hatte.

Einen Augenblick kämpfte er mit der Versuchung, ihn dem anderen im Wasser zu gesellen und daheim in der »Goldenen Kugel« alles zu verschweigen. Aber der Anzug, der auch ihm nicht gehörte, war durchweicht bis über die Hüften; er würde nichts verbergen können, und schon begann es zu dämmern. Zitternd zog er den Rock aus und legte ihn ans Ufer und den Schlittschuh daneben. Dann schob er sich bäuchlings auf dem Eis an die Bruchstelle heran, jammernd vor Kälte und vor Erregung. Als er mit dem Arm in die Tiefe fahren wollte, gab es abermals unter ihm nach, und diesmal versank er bis über den Schopf im Wasser. Er kam aber sogleich wieder auf die Füße zu stehen, die Arme hoch herausgeworfen. Dann ließ er sich mit einem verzweifelten Entschluss in der Flut noch einmal auf die Knie nieder. Er fühlte, wie die grausige Kälte über seinem Mund zusammenschlug, aber er fühlte mit der tastenden Hand zugleich auch den verlorenen Schlittschuh. Er packte ihn, und mit einem wilden Schrei, halb triumphierend und halb klagend, schleuderte er ihn wie einen gefangenen Fisch ans Ufer.

Gleich danach stand er selbst wieder auf dem Damm, zerrte ächzend vor Kälte den Rock über das triefende Hemd, klemmte die Schlittschuhe unter den Arm und setzte sich über das totenstille Feld in Trab, der Stadt entgegen. Frau Schmitz war längst daheim, als er in der »Goldenen Kugel« anlangte. Sie saß allein hinter dem Schanktisch im Hintergrund der noch leeren Gaststube und las die Zeitung, den Zwicker auf der Nase. Jetzt spähte sie über den Rand hinweg, weil sie ein leises Geräusch bei der Tür vernommen hatte. Dort öffnete sich der grüne Vorhang zu einem Spalt. Ein kleines, schneeweißes Gesicht lugte herein und war wieder verschwunden, wie ausgelöscht. Dann vernahm Frau Schmitz abermals ein Geräusch; jetzt klang es wie Eisen, das auf den Boden klirrte. Eine Weile blieb alles still, dann schob sich die schmale Gestalt ihres Lehrbuben durch den Vorhang herein. Das Haar stand ihm wirr um den Kopf, und er hastete eilends an ihr vorbei.

»Guten Abend, Frau Schmitz«, murmelte er, »ich war einmal eben etwas an der Luft.« Damit kniete er schon vor dem Schränkchen in der Ecke nieder und begann, sich die Gedecke für die Stammgäste auf den Arm zu packen, wie es zu seinem Dienst gehörte.

Frau Schmitz sah jetzt, dass er an allen Gliedern zitterte. Das dunkle Tuch seiner Hosen glitzerte von Eis. Nun rollten ihm auch die Gedecke für die Stammgäste vom Arm.

»Wo warst du mal eben?«, erkundigte sich Frau Schmitz und erhob sich hinter dem Tresen.

»Oh, es macht nichts«, schnatterte Heinrich und wandte sich auf den Knien zu ihr herum, totenblass im Gesicht. »Der Rock wird schon ganz trocken – hier ist es ja warm.« Seine Lippen zuckten, und seine Augen glommen schwarz in ihren Höhlen.

»Was wird?«, fragte Frau Schmitz und klopfte mit dem Knöchel auf die Tonbank. »Und wie siehst du denn aus hier im Geschäft?«

Heinrich erhob sich mühselig von den Knien und kam vor den Tresen gewankt. »Ich war da auf so einem Eis«, sagte er, »nicht auf dem richtigen. Auf dem Kanal war ich, etwas Schlittschuh laufen.«

»Schlittschuh?«, sagte Frau Schmitz. »Was denn für Schlittschuh?«

»Eben diese von oben, Frau Schmitz«, flüsterte Heinrich und zeigte auf die Decke, »aus dem Schrank welche, Sie wissen es schon. Ich hatte nämlich den einen im Wasser verloren.«

»Die Schlittschuhe von meinem Jungen hast du verloren? Von meinem Andreas?«, rief sie.

Heinrich schüttelte heftig den Kopf. Er wandte sich von ihr ab und schleppte sich quer durch das Lokal hinter den Vorhang an der Tür. Danach kehrte er wieder zurück und hob ihr die Schlittschuhe entgegen.

»Hier«, sagte er, »nichts passiert, ich habe ihn herausgefischt«, erklärte er. Er legte die Schlittschuhe vor sie hin und machte eine einladende Bewegung mit der Hand. Dann senkte er den Kopf und blickte an sich herab; er schien noch etwas sagen zu wollen, brachte aber nur ein Ächzen hervor. Stumm stand er da, an allen Gliedern geschüttelt, und klapperte mit den Zähnen.

Mit Frau Witwe Schmitz ging jetzt etwas Merkwürdiges vor. Sie hatte sich wieder niedergelassen und starrte ihn durch die Gläser ihres Zwickers an, unverwandt, als sähe sie ihn zum ersten Male. Sie rang ihre Hände ineinander, und ihr Atem ging schwerer. Dann fingen ihre Lippen an zu zucken, immer geschwinder, als zermahle sie den süßen Kern einer Nuss.

»Ach Gott, du Jungchen!«, brachte sie plötzlich mit einer Stimme hervor, die Heinrich nie an ihr vernommen hatte. Es klang wie ein Aufjammern unter einem wilden Schmerz. Gleich danach kam sie mit ihrer schweren Gestalt hinter dem Schanktisch hervorgeschossen.

»Voran, du Jungchen!«, schrie sie abermals mit dieser fremden Stimme und schob ihn vor sich her. »Ins ganz Warme müssen wir jetzt, sofort ins ganz Warme, das müssen wir!«

Als Heinrich wieder zu sich kam, lag er in der Stube der verschollenen Söhne in einem großen weichen Bett. Er lag bis an den Hals zugedeckt, und an seinen Hüften spürte er die Wärme von tönernen Krügen mit heißem Wasser. Wie alle Tage brannte ein Feuer in dem Kachelofen in der Ecke, und auf der Kommode stand eine kleine Lampe, über deren Schirm jemand ein Tuch gebreitet hatte. Daneben stand noch etwas, das er in dem dämmernden Licht nur allmählich erkannte. Eine kleine Tanne stand da, ein Christbäumchen offenbar, wenn es auch keinerlei Schmuck aufwies. Nur in den Zweigen an seiner Spitze schimmerten zwei weiße Kerzen, eine zur Rechten und eine zur Linken des Stämmchens. Heinrich machte die Augen wieder zu. Jetzt erinnerte er sich auch, dass ihm jemand, der neben ihm kniete, das nasse Zeug vom Leibe gezogen hatte, Stück für Stück, und ihn nackend abrieb und dann zudeckte und ihm etwas sehr Heißes, sehr Süßes einflößte. Darüber schlief er wieder ein.

Als er noch einmal erwachte, schlug eben die Uhr vom Dom die Stunde aus. Es war schon tief in der Nacht. Zugleich vernahm er ein Geräusch von der Tür her und sah, wie sich ihre Klinke sachte nach unten bewegte. Ein Gesicht mit einem Zwicker darauf lugte herein, und gleich danach stand Frau Schmitz neben seinem Bett, und er fühlte ihre Hand auf seiner Stirn.

»Das Jungchen muss aber schlafen jetzt, dann wird alles gut, sollst du einmal sehen«, raunte sie und stopfte ihm die Decke fest unter die Füße. Dann begab sie sich an die Kommode hinüber, und Heinrich gewahrte, wie sie eine Kerze aus der Tasche ihrer Schürze hervorholte und zu den beiden andern an die Spitze des Bäumchens steckte. Hernach stand sie wieder neben ihm und äugte auf ihn hernieder. Aber anscheinend konnte sie ihn nicht deutlich sehen. Sie hob die Gläser von der Nase, und wieder sah es aus, als habe sie geweint. Aber sie lächelte und nickte ihm heftig zu. Auch Heinrichs Lippen begannen sich zu schürzen. Dann rollte er sich auf die Seite, um bequemer wieder einzuschlafen, noch unter ihrem spähenden Blick, als wäre sie gar keine fremde Frau.

PAUL ALVERDES

Was mir Weihnachten bedeutet

Pierre Teilhard de Chardin

Als ich Kind war, liebte ich Weihnachten wegen der Ferien und der Süßigkeiten. Später habe ich so getan, als ob ich es liebte – aus Konvention. Jetzt beginne ich dieses »Geheimnis« wieder zu lieben, weil ich es wiedergefunden habe, indem ich ihm einen Sinn gebe, den ich für den christlichen halte.

Weihnachten, das ist für mich nicht mehr Gott, der sich unbegreiflicherweise von außen aufdrängt, sondern Gott, der von nun an unauflöslich in die Entwicklung der Menschheit hineingemischt ist ... Ich werde in eigenartiger Weise beherrscht von einer wachsenden Anziehung zum Menschen.

Ich entdecke in ihm die authentische Weiterführung und die derzeit höchste Gestalt all dessen, was mich immer zum leidenschaftlichen Studium der Materie und des Lebens gedrängt hat. Diese neue Sicht durchdringt und erhellt in meinen Augen Weihnachten.

Weihnachten 1859

THEODOR FONTANE

AN EMILIE

Gekommen ist der heil'ge Christ
Die ganze Stadt voll Lichter ist;
Auch unsre sollen brennen.
Die Sorgen weg und zünde an,
Ich will derweil, so gut ich kann,
Dir meine Wünsche nennen.

Empfang zuerst ein Strumpfenband,
Das ich für dreißig Pfengk erstand
Bei Fonrobert im Laden.
Ich wünsche dir, geliebtes Weib,
Bald wieder einen dünnern Leib
Und etwas dick're Waden.

Empfang alsdann ein Kontobuch,
Fürs Credit ist es groß genug,
Fürs Debet etwas kleine.
Indes, es heißt ja: »rund die Welt«,
Der Beutel wird mal wieder Geld
Und hilft uns auf die Beine.

THEODOR FONTANE

Und drum zuletzt den heißen Wunsch,
Daß unsres Schicksals dicker Flunsch
Bald hübsch'ren Zügen weiche,
Und daß ein bißchen Sonnenschein
Zieh wieder endlich bei uns ein
Und unser Herz beschleiche.

WEIHNACHTEN 1859

Von der Kunst des Schenkens

OTTO ERNST

ES IST SCHON EINE HÜBSCHE ZEIT HER, dass ich in erster Frühe aus dem Schlafe geweckt wurde durch ein eifriges und andauerndes Geplapper aus der Schlafstube der Kinder. Es war noch ganz dunkel. Ich horchte.

»Sechsundsechzigmal.«

»Nein, siebenundsechzigmal! Sieh mal: heut ist der achtzehnte, nicht? Bleiben also noch dreizehn Tage.«

»Zwölf!«

»Ach, Junge! Oktober hat doch einunddreißig.«

»Na ja: dreizehn.«

»Und November hat dreißig, macht dreiundvierzig und dann vierundzwanzig vom Dezember, macht siebenundsechzig. Noch siebenundsechzigmal schlafen; dann ist Weihnachten !« So früh schon vernehmen die Kinder aus dem Winterdunkel das ferne Schimmern und Singen.

Und dann ziehen sie jeden Morgen eins ab: jetzt noch sechsundsechzigmal schlafen – jetzt noch fünfundsechzigmal. Ganz so früh fängt für mich das Weihnachtslied nicht an. Aber doch schon früh. Man entfesselt bei Tisch oder in der Dämmerung ein Weihnachtsgespräch unter den Kindern. Mein Neunjähriger erzählt aus der Schule. Der Lehrer hat gesagt: »Wenn ihr nicht fleißig seid, kriegt ihr nichts vom Weihnachtsmann.« Da haben die Jungen gelacht und gerufen: »Es gibt ja gar keinen Weihnachtsmann!« Da hat der Lehrer gesagt: »Sooo?

– Wer glaubt, dass es einen Weihnachtsmann gibt?« Da hat ein einziger Junge aufgezeigt, meiner. Und da haben die anderen ihn ausgelacht.

Komm, Junge, ich muss dir die frommen Augen küssen; ich habe dich grenzenlos lieb in deiner einsamen Schande!

Wir haben immer unsere stille Freude an einem Experiment, meine Frau und ich. So um den September und Oktober herum sind die älteren unter den Kindern noch fest überzeugt, dass der Weihnachtsmann nirgends anders existiere als im Portemonnaie des liebenswürdigen Vaters. Natürlich genießen sie Glaubensfreiheit. Nur gelegentlich fällt ein Wort, dass man den Knecht Ruprecht auf der Straße getroffen, sich mit ihm über die diesjährige Tannen- und Puppenernte unterhalten habe, dass gestern Abend sein rauhaariger Kopf hinter den Eisblumen des Fensters aufgetaucht sei.

Im November etwa werden die Überzeugungen schwankend; die Nachrichten vom Weihnachtsmann werden mit einem merkwürdigen Schweigen aufgenommen. Wenn man ganz heimlich um den Lampenschirm herumschaut, dann sieht man große stille Augen mit nachdenklichem Blick in die Ferne gerichtet. In einem Augenblick der Stille hört man ein tiefes Atmen.

Im Dezember erfolgt dann die Kapitulation. Man nimmt den Glauben an den Weihnachtsmann an und entsagt dem heidnischen Glauben an das Portemonnaie. Wer jetzt noch Zweifel äußert, wird von den anderen schon entrüstet zurückgewiesen.

Wenn dann der Heilige Abend da ist und man hinter der Tür mit grässlich verstellter Stimme fragt: »Seid ihr denn auch artig gewesen?« – dann kann es allerdings geschehen, dass gerade das Jüngste mit pietätloser Unschuld antwortet: »Ja, Papa.« –

Wie gesagt, man entfesselt ein Weihnachtsgespräch unter den Kleinen. Das ist nicht schwer.

»Was wünschest du dir?«, fragte ich die Kleinste.

»Ich wünsch mir ‘ne Puppe, die schlafen un schreien un trinken kann – aber richtig trinken! – un dann ‘ne kleine Babyflasche mit’n klein niedlien Lutscher auf un 'ne ganz, ganz kleine Klingelbüchse. Ist das ungeschämt?«

»Nein, das ist nicht unverschämt. Was schenkst du mir denn?«

»Ja, was wünschst du dir?«

»Ja, wie viel Geld hast du denn in deiner Sparbüchse?«

»Mama, wie viel habe ich?«

»Fünfundachtzig Pfennige.«

»Fünfnachßig Pfennige.«

»Na, dann wünsch ich mir ein großes schönes Haus mit einem großen schönen Garten.«

»Mm. Un was noch mehr?«

»Und dann einen schönen Wagen mit zwei wunderschönen Pferden davor.«

»O ja!! Un was noch?«

»Und ein großes Bauerngut mit lebendigen Pferden und Kühen und Schweinen und Ferkeln – aber richtige Ferkel mein' ich, nicht solche, wie ihr seid.«

»Nein! Un was dann noch?«

»Ja – wenn du mir dann noch einen Original-Böcklin schenken willst –«

»Was?«

»Na lass nur, dazu reicht's doch nicht.«

Dem Jungen brennt so ein Haupt- und Herzenswunsch auf der Seele, das sieht man. In seinen Augen glüht ein traumfernes Entzücken.

»Was möchtest du denn haben?«

»Vater – sag erst 'mal, ob das Buch von Robinson teuer ist.«

»Furchtbar teuer.«

Sein Kopf sinkt auf die Brust.

»Aber es geht vielleicht.«

Da entbrennen seine Augen.

»Vater, ich will auch gar nichts anderes haben, wenn ich nur das Buch vom Robinson kriege!«

Otto Ernst

Solch ein Verlangen stillen: das nenne ich eine Weihnachtsfreude! Merkwürdig ist es, dass sie sich gar nichts Praktisches oder Nützliches wünschen wie wollene Unterjacken und dergleichen.

Mein Nachbar, Herr Schraffelhuber, hat einen Jungen von acht und einen von sechs Jahren: »Ich schenke meinen Jungen grundsätzlich nur nützliche Sachen zu Weihnachten«, sagte er zu mir, »wie Stiefel, Strümpfe, Mützen und dergleichen. All der andere Tand und Kram verleitet sie nur zu Torheit, Faulheit und Unaufmerksamkeit und bringt sie dahin, den Wert des Geldes gering zu achten. Die Großmutter schenkt ihnen ein Stück Spielzeug und das genügt. In ein paar Tagen ist es doch wieder kaputt.«

»Herr Schraffelhuber«, sagte ich darauf, »wissen Sie, was ich Ihnen gönne? Dass der Herrgott Ihnen, wenn Sie in den Himmel kommen, einen großen und dauerhaften Regenschirm schenkt und sagt: ›Hier, mein lieber Schraffelhuber, hast du einen großen und dauerhaften Regenschirm als Krone des Lebens. Dein Platz ist nämlich draußen in meiner dicksten Regenwolke. Da wirst du diesen nützlichen und zweckmäßigen Regenschirm zu schätzen wissen.‹ Ich wünsch Ihnen eine nutzbringende Seligkeit«, sagte ich ihm.

Seitdem hasst er mich, aber wenn solche Leute mich hassen, das wärmt mich recht innerlich, als wär's der herrlichste Weihnachtspunsch.

An solchen Festen soll ja der Beschenkte »von dem goldnen Überfluss der Welt« kosten und man soll ihm spenden, was ihm unter gewöhnlichen Umständen nicht erreichbar wäre! Wenn der arme Teufel barfuß läuft, so schenkt ihm Stiefel und Strümpfe; wenn er aber des Leibes Notdurft hat, so schenkt ihm eine Trüffelwurst oder eine Radierung von Klinger oder – warum nicht, wenn er sich's wünscht? – eine kleine Drehorgel, gerade weil es Verschwendung ist, weil es Luxus ist, weil es ein Spiel ist! Ach, mein Gott, wir haben ja alle das Spiel so nötig! Dazu sind uns ja Tage des Festes gegeben, dass wir einmal herauskommen aus der Trivialität der Regelmäßigkeit. Darum verzehrt man ja auch am Weihnachtsfeste so viele Hasen, Gänse, Karpfen, Kuchen, Äpfel, Nüsse, Mandeln, Rosinen, Feigen und Apfelsinen mit den dazugehörigen Getränken, weil selbst die geregelte Verdauung unterbrochen werden muss, wenn sie nicht langweilig werden soll.

Ich kann euch sagen, ich hab die Nützlichkeit geschmeckt. Als ich vierzehn Jahre alt war, da hieß es: »Der große Junge braucht wohl kein Spielzeug; der kriegt diesmal was Praktisches.« Natürlich stimmte ich stolzen Herzens zu; es war ja noch vierzehn Tage vor Weihnacht. Ich, ein junger Mann von vierzehn Jahren, soll mir Spielsachen schenken lassen – lächerlich! Als dann aber die Bescherung kam, da waren wirklich keine da! Die jüngeren Geschwister hatten niedliche Windmühlen, Baukästen und Hühnerhöfe, aber ich hatte nicht ein einziges Stück. Nur Kragen, Strümpfe, Halstücher. Geweint hab ich sehr, aber nur nach innen. Zwei oder drei bitterheiße Tropfen. Nach außen hab ich den jungen Mann aufrecht erhalten. Ein paarmal hab ich mich wohl vergessen und heimlich mit den Sachen der anderen gespielt, aber mit vierzehn Jahren ist man auch noch ein recht junger Mann. Als ein jüngerer Bruder mich verspottete, vermochte ich ihm mit Hoheit und einem tiefen Jungensbass zu erwidern: »Du Dummbart, ich wollte nur mal sehen, wie sie eingerichtet ist.«

Wenn eure Kinder mit vierzehn, sechzehn, achtzehn Jahren und später noch spielen wollen, so stört sie nicht, denn das sind gewöhnlich die Menschen, die draußen in der ernsten Welt ihr Werk mit froher Kinderkraft angreifen, und die mit Lächeln bewältigen, was dem Pedanten unmöglich schien.

Otto Ernst

Das mürrische Geschenkgespräch

FRIEDRICH LUFT

VOR JEDER WEIHNACHT ERHEBT SICH (alle Jahre wieder, und das seit Generationen) das mürrische Geschenkgespräch, die große Wehklage über die materielle Völlerei aus Anlass eines einstmals vorwiegend religiösen Datums.

»Wenn ich so zurückdenke«, sagt der Vater in ziemlich allen Bevölkerungslagen zu dieser Zeit, »wenn ich so zurückdenke, dann graut's mich! Was hatten wir zum Christfest? Eisenbahnen? Automodelle? Skiausrüstungen? Langspielplatten? Anoraks? Fahrräder? – Pustekuchen!«

Und dann sagen die Väter, dass zu ihrer Zeit die liebe Mutter ihnen höchstens ein paar Strümpfe gestrickt habe. Vom Vater habe es das Deutsche Lesebuch gegeben, das man für die Schule ohnehin brauchte. Der Anzug, der dem größeren Bruder zu klein geworden war, sei eins runter vererbt worden. Ein bunter Teller stand da, aber einer ohne Delikatessfaxen: zwei gesunde Äpfel, ein Dutzend Nüsse, eine Handvoll klebriger Feigen, drei Pfefferkuchen aus dem häuslichen Ofen. Mehr war nicht.

Und heute? »Heute«, klagen die Väter, »muss es immer gleich ein halbes Warenhaus für die verzogene Brut sein!« Die verdammte Merkantilisierung des einstmals heiligen Festes habe ekelerregend um sich gegriffen. Profiteure der Nächstenliebe, Ausnehmer und Kofmichs sollen die Weihnachtszeit verpestet haben. Warum man eigentlich feiere, daran denke schon keiner. Es werde geprotzt. Hohngesprochen werde der geistigen Natur des milden Festes.

Das Paket des lieben Gottes

Bertolt Brecht

Nehmt eure Stühle und eure Teegläser mit hier hinter an den Ofen und vergeßt den Rum nicht. Es ist gut, es warm zu haben, wenn man von der Kälte erzählt.

Manche Leute, vor allem eine gewisse Sorte Männer, die etwas gegen Sentimentalität hat, haben eine starke Aversion gegen Weihnachten. Aber zumindest *ein* Weihnachten in meinem Leben ist bei mir wirklich in bester Erinnerung. Das war der Weihnachtsabend 1908 in Chicago. Ich war Anfang November nach Chicago gekommen, und man sagte mir sofort, als ich mich nach der allgemeinen Lage erkundigte, es würde der härteste Winter werden, den diese ohnehin genügend unangenehme Stadt zustande bringen könnte. Als ich fragte, wie es mit den Chancen für einen Kesselschmied stünde, sagte man mir, Kesselschmiede hätten keine Chancen, und als ich eine halbwegs mögliche Schlafstelle suchte, war alles zu teuer für mich. Und das erfuhren in diesem Winter 1908 viele in Chicago, aus allen Berufen.

Und der Wind wehte scheußlich vom Michigansee herüber durch den ganzen Dezember, und gegen Ende des Monats schlossen auch noch eine Reihe großer Fleischpackereien ihren Betrieb und warfen eine ganze Flut von Arbeitslosen auf die kalten Straßen.

Wir trabten die ganzen Tage durch sämtliche Stadtviertel und suchten verzweifelt nach etwas Arbeit und waren froh, wenn wir am Abend in einem winzigen, mit erschöpften Leuten angefüllten Lokale im Schlachthofviertel unterkommen konnten. Dort hatten wir es we-

Bertolt Brecht

nigstens warm und konnten ruhig sitzen. Und wir saßen, solange es irgend ging mit *einem* Glas Whisky, und wir sparten alles den Tag über auf für dieses eine Glas Whisky, in das noch Wärme, Lärm und Kameraden mit einbegriffen waren, all das, was es an Hoffnung für uns noch gab.

Dort saßen wir auch am Weihnachtsabend dieses Jahres, und das Lokal war noch überfüllter als gewöhnlich und der Whisky noch wässriger und das Publikum noch verzweifelter. Es ist einleuchtend, daß weder das Publikum noch der Wirt in Feststimmung geraten, wenn das ganze Problem der Gäste darin besteht, mit einem Glas eine ganze Nacht auszureichen, und das ganze Problem des Wirtes, diejenigen hinauszubringen, die leere Gläser vor sich stehen hatten.

Aber gegen zehn Uhr kamen zwei, drei Burschen herein, die, der Teufel mochte wissen woher, ein paar Dollars in der Tasche hatten, und die luden, weil es doch eben Weihnachten war und Sentimentalität in der Luft lag, das ganze Publikum ein, ein paar Extragläser zu leeren. Fünf Minuten darauf war das ganze Lokal nicht wiederzuerkennen. Alle holten sich frischen Whisky (und paßten nun ungeheuer genau darauf auf, daß ganz korrekt eingeschenkt wurde), die Tische wurden zusammengerückt, und ein verfroren aussehendes Mädchen wurde gebeten, einen Cakewalk zu tanzen, wobei sämtliche Festteilnehmer mit den Händen den Takt klatschten. Aber was soll ich sagen, der Teufel mochte seine schwarze Hand im Spiel haben, es kam keine rechte Stimmung auf.

Ja, geradezu von Anfang an nahm die Veranstaltung einen direkt bösartigen Charakter an. Ich denke, es war der Zwang, sich beschenken lassen zu müssen, der alle so aufreizte. Die Spender dieser Weihnachtsstimmung wurden nicht mit freundlichen Augen betrachtet. Schon nach den ersten Gläsern des gestifteten Whiskys wurde der Plan gefaßt, eine regelrechte Weihnachtsbescherung, sozusagen ein Unternehmen größeren Stils, vorzunehmen.

Da ein Überfluß an Geschenkartikeln nicht vorhanden war, wollte man sich weniger an direkt wertvolle und mehr an solche Geschenke halten, die für die zu Beschenkenden passend waren und vielleicht sogar einen tieferen Sinn hatten.

So schenkten wir dem Wirt einen Kübel mit schmutzigem Schneewasser von draußen, wo es davon gerade genug gab, damit er mit seinem alten Whisky noch ins neue Jahr hinein ausreichte. Dem Kellner schenkten wir eine alte, erbrochene Konservenbüchse, damit er wenigstens ein anständiges Servicestück hätte, und einem zum Lokal gehörigen Mädchen ein schartiges Taschenmesser, damit sie wenigstens die Schicht Puder vom vergangenen Jahr abkratzen könnte.

Alle diese Geschenke wurden von den Anwesenden, vielleicht nur die Beschenkten ausgenommen, mit herausforderndem Beifall bedacht. Und dann kam der Hauptspaß.

Es war nämlich unter uns ein Mann, der mußte einen schwachen Punkt haben. Er saß jeden Abend da, und Leute, die sich auf dergleichen verstanden, glaubten mit Sicherheit behaupten zu können, daß er, so gleichgültig er sich auch geben mochte, eine gewisse, unüberwindliche Scheu vor allem, was mit der Polizei zusammenhing, haben mußte. Aber jeder Mensch konnte sehen, daß er in keiner guten Haut steckte.

Für diesen Mann dachten wir uns etwas ganz Besonderes aus. Aus einem alten Adreßbuch rissen wir mit Erlaubnis des Wirtes drei Seiten aus, auf denen lauter Polizeiwachen standen, schlugen sie sorgfältig in eine Zeitung und überreichten das Paket unserm Mann.

Es trat eine große Stille ein, als wir es überreichten. Der Mann nahm das Paket zögernd in die Hand und sah uns mit einem etwas kalkigen Lächeln von unten herauf an. Ich merkte, wie er mit den Fingern das Paket anfühlte, um schon vor dem Öffnen festzustellen, was darin sein könnte. Aber dann machte er es rasch auf.

Und nun geschah etwas sehr Merkwürdiges. Der Mann nestelte eben an der Schnur, mit der das ›Geschenk‹ verschnürt war, als sein Blick, scheinbar abwesend, auf das Zeitungsblatt fiel, in das die interessanten Adreßbuchblätter geschlagen waren. Aber da war sein Blick schon nicht mehr abwesend. Sein ganzer dünner Körper (er war sehr lang) krümmte sich sozusagen um das Zeitungsblatt zusammen, er bückte sein Gesicht tief darauf herunter und las. Niemals, weder vor- noch nachher, habe ich je einen Menschen so lesen sehen. Er verschlang das, was er las, einfach. Und dann schaute er auf. Und wieder habe ich niemals, weder vor- noch nachher, einen so strahlend schauen sehen wie diesen Mann.

»Da lese ich eben in der Zeitung«, sagte er mit einer verrosteten, mühsam ruhigen Stimme, die in lächerlichem Gegensatz zu seinem strahlenden Gesicht stand, »daß die ganze Sache einfach schon lang aufgeklärt ist. Jedermann in Ohio weiß, daß ich mit der ganzen Sache nicht das geringste zu tun hatte.« Und dann lachte er.

Und wir alle, die erstaunt dabeistanden und etwas ganz anderes erwartet hatten und fast nur begriffen, daß der Mann unter irgendeiner Beschuldigung gestanden und inzwischen, wie er eben aus diesem Zeitungsblatt erfahren hatte, rehabilitiert worden war, fingen plötzlich an, aus vollem Halse und fast aus dem Herzen mitzulachen, und dadurch kam ein großer Schwung in unsere Veranstaltung, die gewisse Bitterkeit war überhaupt vergessen, und es wurde ein ausgezeichnetes Weihnachten, das bis zum Morgen dauerte und alle befriedigte.

Und bei dieser allgemeinen Befriedigung spielte es natürlich gar keine Rolle mehr, daß dieses Zeitungsblatt nicht wir ausgesucht hatten, sondern Gott.

Vereinsamt

LUDWIG ANZENGRUBER

GEWISS, WEIHNACHTEN IST EINE FROHE ZEIT, und sie macht alle fröhlich. Alle? Viele, die meisten, alle wohl nicht. Ich kenne einen, der sie fürchtet.

Er hat seine Wohnung neben der meinen, ist ein noch ziemlich junger, hoch aufgeschossener Mensch, den man immer gleich still, ernst und bescheiden seiner Wege gehen sieht. Auf einen freundlichen Gruß oder ein Scherzwort erwidert er wohl mit einem verbindlichen Lächeln, aber er scheint jede Annäherung zu vermeiden. Was seine Stellung anbelangt, so soll er in einer der vielen Teehandlungen Buch und Korrespondenz führen.

Jahrüber war er der gleich höfliche wie freundliche Nachbar, bis jenes Fest herankam, das man bezeichnend Christabend nennt, denn der Tag zählt nicht, alles bis zum Abende ist Erwartung, ungeduldige, still träumerische oder behaglich vorkostende, je nach Temperament, aber immer nur Erwartung; kam dieser Festabend heran, dann wich der Mann jeder Ansprache aus und bezeigte sich fast menschenscheu.

Es ist früh am Morgen, fahles Licht fällt durch die Gangfenster, die Treppe, die in Krümmungen von Stockwerk zu Stockwerk läuft, liegt noch im Dunkel, der Nachbar steht vor seiner Türe und schließt sie eben hinter sich ab, neben ihm steht ein altes, ärmlich gekleidetes Weib, das Tag für Tag ihn bedienen kommt, das Frühstück kocht, die Kleider reinigt, das Essen holt, sie führt Bürste und Ausklopfstäbchen mit sich, schiebt sie von einer Hand in die andere, sie scheint etwas auf dem Herzen zu haben, aber einigermaßen verlegen zu sein, wie sie es vorbringe, endlich sagt sie leise: »Ich tät' bitten, schaffen der gnädige Herr heut noch etwas?«

Im Kreise ihrer Enkel wollte sie den heutigen Tag zubringen, das war's.

Der Gefragte schiebt den Quartierschlüssel in die Tasche, er blickt nicht auf, sondern antwortet in demselben halben Tone: »Nein, kommen Sie nur morgen früh rechtzeitig wieder.«

»Ich küss' die Hand«, sagte das Weib, »ich wünsch' recht« – vergnügte Feiertage, lag ihr wohl auf der Zunge, aber es schien sie zu gereuen, und da es schon halb heraus war, so wiederholte sie es und ergänzte es, wie es ihr unverfänglicher schien: »Ich wünsch' recht gute Unterhaltung!«

Der Mann nickte und schritt rasch der Treppe zu. Das alte Weib schüttelte den Kopf, wohl über sich selbst, und sah ihm, wie bekümmert, nach. »Dass ich mir's nie ermerken kann, immer rutscht es mir so heraus.«

Der Mann eilt in das Geschäft, hastig durchschreitet er schmutzige Nebengässchen, biegt von allen belebten Straßen ab und erreicht auf einem Umwege die Handlung, in der er bedienstet ist, dort setzt er sich an sein Pult, nimmt die Feder zur Hand, rechnet, schreibt, blättert in den Büchern und sieht nicht auf, bis gegen Abend – früher als sonst an irgendeinem Tag im Jahr – der Laden geschlossen werden soll, dann legt er seufzend die Feder hin, zieht den warmen Winterrock über, nimmt den Hut vom Haken und tritt hinaus in die Dämmerung.

Wieder nimmt er den Weg durch die Nebengässchen, aber so menschenleer es dort auch ist, hie und da hüpft doch ein Kind mit munteren Äuglein über den Weg, hastet ein Erwachsener daher, der einen Pack halb versteckt trägt, oder rauscht gar ein Bäumchen vorbei, und die Goldstreifen knistern, und die bunten Papierbänder flattern, unser Mann achtet nicht darauf, er drückt sich nur näher an die Mauer, um Platz zu machen.

Vor seiner Wohnung angelangt, zieht er bedächtig den Schlüssel aus der Tasche, öffnet, tritt ein, sperrt hinter sich ab und geht nach dem im Halbdunkel liegenden Zimmer. Helle Streifen von der Straßenbeleuchtung fallen durch die Fenster, liegen über der Wand und zittern an der Decke, in dem dämmernden Räume geht er in kurzen und hastigen Schritten ein paar Mal auf und nieder, dann, als versagten ihm die Füße, wirft er sich müde auf den Diwan. Er deckt die Augen mit den Händen und stützt den Kopf darein und seufzt tief auf.

Vor vier Jahren war es gewesen, da leuchtete in seiner Stube ein Baum, ein übermütiger Knirps kutschierte mit einem kleinen Wägelchen rasselnd auf und nieder, und auf dem Arme einer kleinen niedlichen Frau guckte ein Kleinstes mit groß, gar groß aufgerissenen Augen in die Lichter, es streckte die Ärmchen darnach und zog sie lächelnd wieder zurück.

Und vor drei Jahren, da tollte der Knirps wieder durchs Zimmer, aber die Frau saß neben dem Manne auf dem Diwan, und sie drückte seine Hand, und sie sah mit feuchten Augen lächelnd nach dem Kleinen. »Unser Einziger – der ist ja noch da!«

Und wieder ein Jahr, da leuchtete kein Baum in der Stube, da war es düster wie heute, aber in seiner Hand lag eine andere, an seiner Wange lehnte eine andere Wange, er fühlte die Wimpern des nahen Auges seine Schläfe streifen, und feucht rann ein Tropfen nieder. »O liebes Weib –.«

Und noch ein Jahr – ja, da war es ganz wie heute – es überkommt ihn, als sollte er sich über das Kissen des Diwans werfen, die Hände vors Gesicht geschlagen, ... aber er erhebt sich langsam, tritt an das Fenster, er schiebt die Riegel zurück, er öffnet einen Flügel und lehnt sich hinaus in die stille Nacht.

Draußen liegt die Straße. Langsam wie durch einen zündenden Funken, der die Häuserzeile entlang läuft, glimmen die Fenster an, da, dort, nah, näher wird es Licht. Nicht alle Leute sind so neidisch gegen die Nacht und die andern Menschen außen, dass sie ihre Fenster mit

Tüchern verhängen, nein, manche lassen die Lichter hell und ungedämpft hinausleuchten auf die Straße. Und der Mann am Fenster blickt hinein in das Leben und Treiben der nahen Stuben – lange, lange, dann zieht er leise das Fenster an sich, und bevor er es schließt, nickt er hinaus und sagt still und wehmütig: »Fröhliche Weihnacht!«

Fröhliche Weihnacht!

Das Fenster drückt sich in den Rahmen, er wendet sich zurück. Wie ist das? Will es nicht in seiner eigenen Stube aufleuchten? Es ist ihm, als laste ihm etwas gar leicht auf seinem rechten Arme, als wäre etwas rasch herangekommen und schmiegte sich an sein linkes Knie.

Nichts! Im Auge wirken ja grelle Lichteindrücke für kurze Weile noch im Dunkeln nach, und als er aus dem Fenster sah, da hatte er auf dem rechten Arme gelegen und das linke Knie gegen das Sims gestemmt. Es erklärt sich das so natürlich, aber er senkte doch sachte den Arm herab, er rückte leise den Fuß vor, wie um nichts fallen zu lassen oder umzustoßen – was es auch sei.

Dann verlässt er eilig die Wohnung. Jetzt war es auf den Straßen wie ausgestorben, er durchschreitet sie hastig; wo er in einem öffentlichen Lokale eine Zechgesellschaft lärmen hört, da tritt er ein, er setzt sich in eine Ecke und sieht stille dem Treiben zu, er fühlt eine Art Behagen, wie unter seinesgleichen. Vereinsamte, Ausgeschlossene und Ausgestoßene. Je lärmender die Gesellschaft, je besser, die hatten nie, was er besaß und, selbst verloren, nicht in der Erinnerung missen möchte, oder sie hatten's verspielt, sie waren elender wie er, dem die heilige Nacht noch heiligen Schmerz weckte.

Kalt und nüchtern, bleigrau liegt der Morgen über der Stadt, wenn der Mann heimkehrt. Es ist vorbei, wieder auf ein Jahr vorbei, was ihn im dämmernden Zimmer überkommt, als sollte er sich über das Kissen des Diwans werfen, die Hände vors Gesicht geschlagen, – was ihn hinaustreibt in die Nacht, gleich Vereinsamten nachzuspüren, nachdem er vorher den Glücklichen still und wehmütig zugerufen: Fröhliche Weihnacht!

Das Opfer

Henry Bordeaux

Doktor Brunoy, der seine beiden Berufskollegen bis zur Tür begleitet hatte, blieb auf der Schwelle stehen und fragte mit müder Stimme: »Gibt es also kein Heilmittel mehr?«

Die beiden Ärzte blickten einander in die Augen, wie wenn einer zum anderen sagen wollte, wie unnütz doch diese Frage sei. Dann erwiderte der ältere: »Die zwei Serumeinspritzungen sind leider ohne Erfolg geblieben – wir haben alles versucht, mehr können wir nicht tun.«

»Mehr nicht ... Denken Sie, daß das Kind noch lange leben wird?«

»Lange?«, wiederholte der jüngere überrascht, fast ironisch. »Noch einige Stunden.«

»Einige Stunden, ja ... man weiß nie ...«, meinte dazu der ältere, den die Erfahrung vorsichtiger gemacht hatte. »Auf jeden Fall hat das Kind nichts zu leiden.«

Die beiden Kollegen hüllten sich in Decken und stiegen in den Schlitten, der vor dem Hause stand. Dr. Brunoy sagte: »Ich danke Ihnen, daß Sie den so weiten Weg gemacht haben.«

Der jüngere zog schon die Uhr, um auszurechnen, wann sie in der Stadt ankommen würden.

Die Pferde vor dem Schlitten scharrten ungeduldig, und als der Kutscher am Zügel zog, reckten sie die Köpfe und setzten sich in flotten Trab. Dr. Brunoy blieb unbeweglich auf der Schwelle seines Hauses stehen und starrte dem Schlitten nach, der auf dem schnee-

Henry Bordeaux

bedeckten Weg entschwand, seine letzte Hoffnung mit sich führend. Ferner und ferner tönte ihm das regelmäßige Gebimmel der Pferdeglöcklein ins Ohr.

Dann kehrte er ins Haus zurück. Bevor er aber zu seiner Frau ging, die am Bett des sterbenden Kindes saß, betrat er das Arbeitszimmer. Hastig begann er in Büchern zu blättern, stieß sie ungeduldig weg, immer wieder versuchte er sich zu sammeln – gab es denn keine Rettung?

Draußen geht der Tag zur Neige. Dr. Brunoy schaut durchs Eckfenster. Auf der einen Seite erblickt er Beaufort, das Dorf mit seinen alten Häusern und engen Gassen und der schmalen Steinbrücke, die über den Bergbach Doron führt. Auf der anderen Seite erhebt sich ein steiler Hang mit ernsten schneebedeckten Tannen. Warum nur ist er als junger Mensch in diese abgelegene Gegend gekommen, in dieses enge Tal, wo die Berge einander so nahe rücken, daß man von ihnen fast erdrückt wird? – In wenigen Sekunden, wie es in tragischen Momenten unseres Lebens oft vorkommt, durchlaufen seine Gedanken die Erlebnisse der letzten Jahre. Die Notwendigkeit hatte sein Handeln bestimmt. Beherrscht sie nicht das Leben der meisten Menschen? Nach guten medizinischen Studien hatte er sich rasch verheiratet. Weil er kein Vermögen besaß, konnte er seine Tätigkeit nicht in einer Stadt beginnen, denn dort läßt am Anfang die Kundschaft oft lange auf sich warten und nimmt nur langsam zu. Diese einsame Berggegend mit ihrem langen harten Winter, für den die allzu kurze Schönheit des Sommers nur schlecht entschädigt, dieses Tal mit seinen arbeitsamen, ehrlichen, aber herben und wenig kultivierten Einwohnern wurde seit Jahren von den Ärzten gemieden. Hier war keine Konkurrenz zu fürchten. Man hatte ihn wie einen Retter empfangen. Nach einem Jahr schon schätzte er das Land wie seine Heimat. Auch seiner Frau gefiel das Leben im stillen Bergtal; sie war zufrieden und glücklich. Ein Kind wurde ihnen geschenkt, ein pausbäckiger Bub.

Die Arbeit Dr. Brunoys zeigte bald schöne Erfolge. Im weiten Umkreis gab es kein Dorf, keinen Weiler mehr, wo er nicht schon irgendeine Krankheit geheilt oder nach einem Unglück geholfen hätte. An Kindern fehlte es nicht in dieser Talschaft. Aber manche starben schon im zartesten Alter, denn es mangelte ihnen die nötige Pflege. Mit besonderem Eifer machte sich Dr. Brunoy daran, die Mütter aufzuklären und zu belehren, um dem Tod seine jungen und allzu leichten Opfer zu entreißen.

Und nun – ein schlechter Dank für seine Mühen als Arzt – war sein eigener kleiner Sohn an Diphterie erkrankt. Doch – er hatte schon viele Kinder, die an derselben Krankheit gelitten, mit Serumeinspritzungen oder mit Hilfe des Luftröhrenschnittes geheilt. Warum sollte er nicht auch seinem eigenen Kinde helfen können?

Aber während er seinem Berufe nachging und längere Zeit abwesend war, hatte sich die Krankheit rasch verschlimmert. Die Stimme des Kindes war heiser und rau geworden, und die Erstickungsanfälle hatten sich immer häufiger eingestellt.

Was war das für eine Heimkehr gewesen! Nach langem mühsamem Weg durch tiefen Schnee war er in einen Laden getreten, um seinem Kind zu Weihnachten Spielzeug zu kaufen. Mit einem kleinen Holzpferd und einer Trompete unter dem Arm hatte er den Heimweg fortgesetzt. Und wie er an Frau und Kind und an seine warme, vom Duft des Weihnachtsbaumes durchwürzte Stube dachte, an die behagliche Ruhe nach getaner Pflicht, ward sein Herz von stillem Glück erfüllt.

»Endlich bist du da!«, hatte seine Frau fast geschrien, als er die Wohnung betrat. »Komm schnell zu Jean!«

Er hatte sofort den Ernst der Lage erkannt und dem Kind eine Einspritzung gemacht.

Weil sich aber trotzdem keine Besserung zeigte, schickte er am folgenden Morgen einen Nachbarn in die nächste, vier Stunden entfernte Stadt, um zwei Kollegen holen zu lassen. Die beiden Ärzte waren am Nachmittag eingetroffen. Aber auch sie waren ohnmächtig; Hilfe war nicht mehr möglich. Das einzige, was noch zu tun blieb, war warten ...

Dr. Brunoy ging in das Zimmer des kranken Kindes. Seine Frau saß über das Bettchen geneigt, hielt die Hand des Kleinen, sprach ihm in zärtlichen Worten zu. Das Holzpferdchen und die Trompete lagen unberührt auf der Bettdecke. Man hatte den kleinen Weihnachtsbaum mit der niedlichen Krippe, die darunter aufgebaut war, dem Bette nahe gerückt, aber der Kleine hatte keinen Blick für Baum und Krippe.

Als die Frau ihren Mann hereinkommen hörte, wandte sie sich nach ihm um und sagte, als ob sie seine Gedanken erraten hätte:

»Er stirbt.«

Er wiederholte die Worte des alten Doktors: »Man weiß nie ...«

»Was können wir tun?«

»Nichts als warten ...«

Er setzte sich ihr gegenüber an die andere Seite des Bettes. Der kleine Jean lag regungslos da, fast ohne Fieber. Sein Atem war schwächer und schwächer. Manchmal hob er langsam die Lider, aber seine Augen konnten nicht mehr sehen.

Es war indessen dunkel geworden. Die Frau erhob sich mit großer Anstrengung.

»Wohin gehst du, Etiennette?«

»Ich will eine Lampe anzünden.«

»Warum?«

»Um ihn noch lebend zu sehen.«

Um sechs Uhr öffnete das Mädchen Mariette vorsichtig die Tür und sagte: »Ein Mann aus Roselande ist da, er möchte mit dem Herrn Doktor sprechen.«

»Ich will niemand sehen, Mariette.«

Nach kurzer Zeit kam das Mädchen wieder zurück und sagte: »Er weigert sich zu gehen, er will Sie unbedingt sprechen.«

Da verließ Dr. Brunoy das Zimmer, um den aufdringlichen Besucher selbst fortzuschicken. Er traf ihn in der Küche, wo er sich wärmte. Der Schnee, der auf seinen Schultern gelegen hatte, war geschmolzen und rann nun in Bächlein über den rauen Kittel. Der Bauer wandte sein mageres, ernst blickendes Gesicht dem Arzte zu.

»Ah, Ihr seid's, Rivaz, was wollt Ihr?«, fragte Dr. Brunoy.

Der Bauer antwortete: »Mein Kleiner ist krank.«

»Ich werde morgen früh kommen«, beschied der Arzt.

Aber Rivaz schüttelte den Kopf. »Ohne Sie wird er die Nacht nicht überleben.«

»Auch mein Kleiner liegt im Sterben. Ich kann diesen Abend nicht mehr kommen.« Die beiden Männer schwiegen, jeder stumm an seinem Unglück würgend. Dann fiel des Bauern schweres Wort in die Stille:

»Ihren Bub werden Sie heilen, aber meinen nicht.«

»Oh, mein Bub ist verloren.«

Wieder schwiegen sie, dann nahm der Bauer von neuem das Wort: »Mein Bub ist noch nicht verloren. Ich bekam ihn erst im Alter, und ich werde keine Kinder mehr haben.«

»Morgen früh werde ich kommen, ich verspreche es Euch, Rivaz!«

»Dann wird es zu spät sein.«

»Laßt mich die Augen meines Kleinen schließen.«

»Aber wenn Sie doch hier nicht mehr helfen können ...«

Bei diesen Worten fuhr der Arzt erregt auf: »Wißt Ihr das? Solange mein Kind noch lebt, werde ich es nicht verlassen, versteht Ihr nicht?«

Der Bauer zerknüllte mit zitternden Fingern den Rand seines alten Filzhutes, zögerte noch einen Augenblick und schritt dann gegen die Tür.

»So werden also zwei sterben«, murmelte er vor sich hin, aber ohne Auflehnung, wie einer, der sich ins Unabänderliche schickt.

»Wartet«, rief der Doktor. »Hustet er stark?«

»Ja, zuerst, dann nur noch wenig. Ist das ein gutes Zeichen?«

»Nein. – Aber Ihr müßt doch einsehen, daß ich jetzt mein todkrankes Kind nicht verlassen kann! ... Wie geht sein Atem?«

»Der pfeift; und dann auf einmal ist es, wie wenn das Kind ersticken müßte.«

Henry Bordeaux

»Wie gestern Abend bei Jean ... Und doch, es ist mir unmöglich, zu kommen. Ihr dürft das nicht von mir verlangen ... Hat er diese Erstickungsanfälle oft?«

»Ja.«

»Ich bedauere, Euch ...«

»Ist er verloren?«

»Noch können wir hoffen, vielleicht haben wir Glück.«

Und mit einem Satz sagte der Bauer, was sein Herz bewegte:

»Für Ihren Buben können Sie nichts mehr tun, aber noch etwas für den meinen.«

Dr. Brunoy sah dem Bauern in die Augen, sein Blick festigte sich, und mit entschlossener Stimme erwiderte er: »Ich komme mit Euch, Rivaz!«

Raschen Schrittes kehrte er ins Zimmer zurück. Das Kind atmete kaum noch, sein Gesicht war so blaß, als wäre der letzte Tropfen Blut aus seinem Körper gewichen.

»Etiennette, hier, nimm dies Fläschchen, es wird ihm das Atmen erleichtern. Mehr können wir nicht tun ...«

»Warum sagst du mir das?«

»Weil ich fort muß.«

»Du, in dieser Nacht?«

»Der kleine Rivaz in Rodelande ist schwer krank, vielleicht kann ich noch helfen.«

»Und unser Jean?«

»Sein Leben liegt nicht mehr in Menschenhand. Du kannst ihn so gut pflegen wie ich.«

»Geh nicht weg, ich bitte dich!«

»Ich muß.«

Jäh richtete sie sich neben dem Bettchen auf und warf ihm die Worte entgegen: »Du liebst dein Kind nicht! Du liebst deine Frau nicht!«

»Oh, meine Liebste!« Seine Stimme flehte schmerzlich.

Aber die Frau konnte ihn nicht verstehen, sie wich vor ihm zurück.

Da neigte er sich über das Kind und strich zärtlich, Abschied nehmend, über seine Wange, die immer noch warm war, trotz der wächsernen Hautfarbe. Und kurz entschlossen, ohne zurückzuschauen, weil er fürchtete, sein Wille könne unsicher werden, entfloh er aus dem Zimmer.

Im Schlitten sprachen die beiden Männer nicht ein Wort. Rivaz mußte von Zeit zu Zeit am Leitriemen ziehen und »Hü« rufen, denn das Pferd war müde, hatte es doch gerade erst einen Weg von zehn Kilometern hinter sich gebracht. Seine Hufe sanken im frischen Schnee ein.

Das schmale Sträßchen führte durch einen Hohlweg, auf dessen beiden Seiten ernste Tannen zum dunklen Winterhimmel aufragten. In der Ferne toste Doron, der Wildbach. Vorne am Schlitten waren zwei Laternen befestigt, die sanft hin und her schwankten und ihr Licht auf die Bäume und Felsen des Wegrandes warfen.

Nach einer guten Stunde hielt der Schlitten vor einem einsamen Haus. Man hatte ihn kommen hören, denn die Tür öffnete sich, und eine Frau, die Laterne in der Hand haltend, erschien auf der Schwelle.

»Ist der Doktor da?«

»Ja.«

Sie atmete auf und führte die beiden Männer ins Zimmer des kranken Kindes. Drei Viertelstunden später packte der Arzt seine Instrumente wieder zusammen und schickte sich zum Fortgehen an.

»Ist er gerettet?«, fragte die Frau.

»Ich glaube es; morgen werde ich wiederkommen.«

»Wollen Sie noch diese Nacht zurückkehren?«, wandte Rivaz ein.

»Ja, sofort.«

Der Bauer schien seltsam ergriffen, er brachte ein Goldstück, das er als Geschenk seiner längst verstorbenen Mutter bisher aufbewahrt hatte, und wollte es dem Arzt geben. Aber zu seinem Erstaunen weigerte sich dieser, es anzunehmen.

»Nein, mein guter Rivaz, niemand könnte mir den Gang bezahlen, den ich in dieser Nacht getan habe.«

HENRY BORDEAUX

Auch auf der Rückfahrt sprachen die beiden Männer kein Wort miteinander. Unterwegs begegneten sie zahlreichen Gruppen von Leuten, die Laternen trugen. Zwischen den dunklen Tannenstämmen leuchtete da und dort ein kleines Licht auf. Die Bauern der umliegenden Höfe und Weiler begaben sich zur Mitternachtsmesse. Sie sangen ein altes Weihnachtslied:

»Geboren ist das göttlich Kind,
O freuet euch, ihr Menschen all ...«

Und wenn sie dem Schlitten begegneten, riefen sie mit frohen Stimmen: »Gesegnete Weihnacht!«

Dr. Brunoy vermochte diesen Glückwunsch nicht zu erwidern; auch Rivaz wagte es nicht, obwohl sein Herz festlich gestimmt war.

An einer Biegung des Sträßchens, schon nahe bei Beaufort, fiel der Schein der Laternen auf ein Wegkreuz. Sacht schwebten die Schneeflocken vom Himmel. Der Körper des schmerzensreichen Heilandes ragte hell und groß in die Nacht, und es war, als ob von seinem dorngekrönten Haupt ein tröstlich Licht ausginge. Dr. Brunoy erinnerte sich der Worte des alten Weihnachtsliedes: »Geboren ist das göttliche Kind ...« Und mit einemmal erfüllte ihn Friede; kein Leid mehr, keine Auflehnung gegen das Schicksal. Er hatte seine Pflicht getan! – Er hatte Rivaz' Kind retten dürfen. Er wußte, daß er sein eigenes Kind nicht mehr lebend sehen würde, aber der Gedanke weckte keine Bitternis in seinem still gewordenen Herzen.

Als er zu Hause ankam und ins Zimmer trat, fand er seine Frau über das Bett des toten Kindes gebeugt. Gütig und sanft, doch mit fester Hand richtete er sie auf und sagte: »Meine liebe Etiennette ...«

»Du warst nicht dabei«, seufzte die Frau und sah ihm tief in die Augen. Welche Ruhe ging von ihm aus, welcher Friede ... Sie lehnte sich an ihn, und tröstlich stieg die Gewißheit in ihr auf, daß sie bei ihm die Kraft wieder finden würde, die ihr jetzt fehlte, daß sie den Mut haben würde, weiterzuleben und dieses Leben zu lieben.

Der Christabend

LUDWIG THOMA

Eine Familiengeschichte

BEI OBERSTAATSANWALTS SALTENBERGER hatten sie drei Töchter, Emerentia, Rosalie und Marie. Alle im höchsten Grade fähig und entschlossen, dem ledigen Stande zu entsagen.

Das herannahende Weihnachtsfest brachte die geliebten Eltern auf den Gedanken, daß sie ihre Kinder am besten mit Männern bescheren würden, und sie überlegten lange, wie dieses zu ermöglichen wäre. Mama Saltenberger meinte, ihr Mann sollte seine hervorragende Beamtenstellung in die Waagschale werfen und jüngere Kollegen durch die Macht seines Ansehens an ihre staatsbürgerlichen Pflichten erinnern. Saltenberger war nicht prinzipiell abgeneigt, aber er betonte, daß dieser Einfluß nur in ganz familiären Grenzen ausgeübt werden dürfe und daß man in der Wahl der Objekte sehr vorsichtig sein müsse.

In geheimer Beratung wurde zur engeren Wahl der zukünftigen Familienmitglieder geschritten. Beide Eheleute einigten sich zunächst auf Karl Mollwinkler, zweiter Staatsanwalt. Er war ziemlich abgelebt, und sein kränklicher Zustand ließ hoffen, daß er sich nach der Pflege einer geliebten Frau sehne. Als zweiter ging Sebald Schneidler, königlicher Landgerichtssekretär, durch. Nicht ohne Widerspruch. Frau Saltenberger fand die Stellung denn doch etwas subaltern. Ihr Mann hatte Mühe, sie zu überzeugen, daß die gegenwärtige Zeitrichtung die Standesunterschiede einigermaßen nivelliert habe und daß speziell in Heiratsfragen eine zu strenge Auffassung von Übel sei.

Schließlich kam man dahin überein, daß Schneidler sich in Anbetracht seiner sozialen Verhältnisse mit der ältesten Tochter, der vierunddreißigjährigen Emerentia, zu begnügen habe.

Die Aufstellung des dritten Kandidaten bereitete Schwierigkeiten.

Unter den Juristen fand sich trotz sorgfältigster Prüfung keiner mehr, der des Vertrauens würdig gewesen wäre. Man mußte wohl oder übel in eine andere Sparte hinübergreifen.

Aber auch da zeigten sich überall unüberwindliche Schwierigkeiten, und schon wollte der Oberstaatsanwalt an der gestellten Aufgabe verzweifeln, als im letzten Moment Frau Saltenberger den rettenden Gedanken faßte.

»Weißt du was, Andreas«, sagte sie, »wir nehmen einfach einen von der Post. Da sind die meisten Chancen, denn fast alle Verlobungen, welche man an Weihnachten in der Zeitung liest, gehen von Postadjunkten aus.«

Dieses leuchtete ihrem Manne ein, und er gab seine Zustimmung zur Wahl des Postadjunkten Jakob Geiger. Somit war die Sache gediehen; es galt nunmehr, die zur Bescherung Vorgemerkten unter die drei Töchter zu verteilen. Und das war das Schwierigste.

Der Friede wich aus dem Hause des Oberstaatsanwalts Saltenberger.

Emerentia brach in Tränen aus, als die Eltern von dem Plane sprachen; sie sei immer das Stiefkind gewesen, die anderen Fratzen habe man verhätschelt und verzogen, nur sie sei mißhandelt worden, und jetzt solle sie sich mit einem Sekretär begnügen.

Vielleicht müsse sie noch Komplimente machen vor dem ekelhaften Ding, der Rosalie, die man natürlich zur Frau Staatsanwalt nehme, obwohl sie die Dümmste von allen sei. Aber nein! nein! und nein! Da kenne man sie schlecht. Sie lasse nicht auf sich herumtrampeln, und lieber verhindere sie den Plan, so daß gar keine einen Mann erwische, als daß sie sich mit dem Affen von einem Sekretär abfinden lasse.

Ihr Widerstand war leidenschaftlich, aber nicht schlimmer als derjenige von Marie, welcher man den Postadjunkten zugedacht hatte. Sie war die Jüngste und durfte billig annehmen, daß sie auf dem Heiratsmarkte die besten Preise erzielen könne. Allerdings schielte sie, aber sie sagte sich, daß ein verständiger Mann solche Kleinigkeiten nicht beachte. Zudem, lieber schielen als einen Kropf haben, wie Emerentia, oder schlechte Zähne, wie Rosalie.

Papa Saltenberger hatte böse Tage; während er auf dem Bureau weilte, sammelte sich daheim eine unglaubliche Menge Sprengstoff an, welcher regelmäßig beim Mittagstisch explodierte.

So ging das nicht. Die Eltern beschlossen, die drei Herren als Ganzes zu bescheren und die Wahl den Kindern zu überlassen.

Auf diese Weise hatten wenigstens sie Ruhe gefunden, wenngleich der Krieg unter den Schwestern fortdauerte. Emerentia stickte in heimlicher Abgeschlossenheit an einem Paar Pantoffeln, und bei jedem Stich wurde sie fester entschlossen, dieselben nur dem zweiten Staatsanwalt Mollwinkler zum Zeichen ihrer Liebe an die Füße zu stecken. Rosalie häkelte einen Tabakbeutel, Maria strickte wollene Handschuhe.

Und jede wußte, wem sie die Gabe weihen würde. Alle drei zogen die Mutter ins Vertrauen, und da Frau Saltenberger einen gutmütigen Charakter hatte, sagte sie zu jeder verstohlen: »Kindchen, Kindchen, ich seh' dich noch als Frau Staatsanwalt.«

Und jede war glücklich darüber. Erstens überhaupt, und dann, weil die zwei anderen Maulaffen vor Neid bersten würden.

So kam allmählich das heilige Weihnachtsfest heran mit seinem unvergeßlichen Zauber für die Familie, jener Tag, an welchem die Junggesellen so ganz besonders Sehnsucht empfinden nach einem schöneren Lose, nach einer liebenden Gattin und nach Kindern, welche mit ihren Spielzeugen um den Christbaum tanzen.

Oh, welche Gefühle warteten in dem Hause des Oberstaatsanwalts Andreas Saltenberger! Das war ein Raunen und Flüstern, ein geheimnisvolles Weben, ein Hin und Her, von einem Zimmer in das andere, bis endlich um sieben Uhr Vater, Mutter und die drei Töchter sich im Salon versammelten, festlich geschmückt und sehr erwartungsvoll.

Jede der Schwestern erregte durch ihr reizendes Aussehen die Freude der Eltern und das verächtliche Mitleid der beiden anderen.

Es läutete. Das Dienstmädchen eilte zur Türe, im Salon hielten fünf Menschen den Atem an. Wer kam? Eine tiefe Stimme, unverständlich, dann schlurfte das Mädchen zurück und übergab dem hastig öffnenden Papa einen Brief. Aufreißen und lesen. Sekretär Schneidler sagt mit bestem Dank ab, da er heimreise. Die drei Schwestern atmeten auf. Auf diesen Menschen hatte keine reflektiert. Es läutete wieder. Das Dienstmädchen überbrachte einen zweiten Brief. Die Absage des Herrn Staatsanwalts Mollwinkler wegen Unwohlseins.

Drei Lebenshoffnungen waren vernichtet; der Vater blickte die Mutter an, die Schwestern bissen sich auf die Lippen, und ihr Schmerz wäre unerträglich gewesen, wenn sich nicht ein klein wenig Freude an der Enttäuschung der anderen dareingemengt hätte.

Was tun? Papa Saltenberger raffte sich auf und sagte mit erzwungener Höflichkeit: »Wozu auch fremde Menschen? Nun wollen wir das Fest so recht unter uns begehen!«

Da läutete es wieder. Und diesmal kam der königliche Postadjunkt Geiger, welcher noch niemals abgesagt hatte.

Er hatte es nicht zu bereuen. Er war der verhätschelte Liebling der Familie; er bekam ein Paar Pantoffeln, einen Tabakbeutel und wollene Handschuhe, viele Süßigkeiten, Äpfel und Nüsse.

Er trank einen sehr guten Wein und einen famosen Punsch, er aß Rheinsalm, Rehbraten und Pudding und bewunderte die Freigebigkeit der Familie, welche für ihn allein so reichlich auftragen ließ.

Er sagte allen Damen Liebenswürdigkeiten und ließ sich von jeder in der gehobenen Stimmung auf die Füße treten.

Und als er ziemlich betrunken den Heimweg antrat, sagte er sich, daß das Familienleben doch sein Gutes, besonders hinsichtlich der leiblichen Genüsse habe. Und er verlobte sich am Sylvesterabend mit der wohlhabenden Witwe Reisenauer, welche ein gutgehendes Geschäft am Marktplatz hatte.

Betrachtungen eines Greises über die Weihnachtsbescherungen

HEINRICH VON KLEIST

IN MEINES VATERS HAUSE HATTE DIE WEIHNACHTSBESCHERUNG noch einen Reiz, den ich in diesen leichtfertigen Zeiten überall vermisse. Die Geschenke, welche jedes von uns Kindern erhielt, waren nicht zu verachten: Sie waren von der Mutter so fein und passend ausgedacht, daß keine Wünsche unerfüllt blieben. Aber die Hauptsache war, etwas das nicht geschenkt, womit weder gespielt noch was nützlich verbraucht wurde: ein bloßes Schaustück, das man uns nur einmal jährlich den Weihnachtsabend sehen ließ, und das dann in die Folterkammer, in den großen eichnen Schrank mit den gewundenen Füßen, wieder verschwand. –

Erwartet nichts besonderes! Es war die Geburt Christi, ein großes zierliches Schnitzwerk, mit allem Beiwesen der sonderbaren Geschichte, den Tieren an der Krippe, den Hirten mit ihren Schafen, den Engeln in der Luft, den drei magischen Königen, und vor allem mit dem Sterne über der Hütte, der mit einem Glanze strahlte, daß die Lichter auf den Geschenktischen trüb und freudenlos schienen. Hinter der herrlichen Vorstellung war an den Rollen der Fenstervorhänge befestigt eine große Tapete, die, mit goldnen und silbernen Sternen besät, oben und unten und nach allen Seiten das Schaustück umgab, und in die sich zuletzt der trunkne Blick der Kinder verlor, wie nachher nie wieder im Anblick des Himmels selbst.

Noch heut ist es die reizendste Erinnerung für mich, wie, in späteren Jahren, da ich schon hinter die Coulissen sehn durfte und bei dem herrlichen Bau für die jüngern Geschwister selbst angestellt war, an den Vorabenden des lustigsten Tages, wenn die Kinder schon schlafen gegangen waren, nun der blaue Vorhang hervorgezogen und für das bevorstehende Fest mit frischgeschnitzten goldnen und silbernen Sternen beklebt wurde.

Das große Schaustück stand an der Fensterwand in der Mitte, da, wo an Werkeltagen der Spiegel hing, widerstrahlend von Gold, Grün und Weiß, und dreimal heller erleuchtet als die kleinen Tische, die an den beiden Wänden, links mit den Geschenken für das Hausgesind und rechts mit denen für die Kinder, umherstanden. – Wenn wir von der unvergleichlichen Lust an dem himmlischen Bilde zurückkehrten zu der irdischen, handgreiflichen und schmackhaften Lust unsrer Tische, so schien uns die Welt zu gehören, und wenn auch, wie in den schlimmen Zeiten des Krieges, die ganze Bescherung nur in Äpfeln, Nüssen und einigem Backwerk bestand, und wir in unsern Erwartungen noch so ungemessen gewesen waren.

Fühlt ihr wohl die große Weisheit der Väter in solchem Doppelgeschenk eines unerreichbaren, das immer in demselben Glanze wiederkehrte, und eines andern handgreiflichen von allerlei Brauchbarkeiten und Genießbarkeiten? – Fühlt ihr wohl, was ihr verloren habt, seitdem diese Bilderschrift heiliger Vorgänge, hervorgegangen aus dem Drange der Gemüter, denen das Wort und der Buchstabe des ewig Denkwürdigen nicht genügte, als Aberglaube verfolgt werden. Nichts hat meine Seele aufgeklärt und erhoben, wie dieser Weihnachts-Aberglaube. – Nachher ist die Freude immer trockner geworden.

Meiner Kinder Kinder haben nicht einmal Christmarkt, Christgeschenke sagen dürfen, und darüber habe ich mir selbst das dürre liebesleere Wort – Weihnachten – angewöhnt. – – Arme Kinder! Ihr werdet den Vorwitz und die Vermessenheit eurer Eltern büßen in der Kälte eures Herzens, da wo es sich entzünden müßte, für Gott, also für Vaterland und König, die heiligen Wesen, die nur empfindet, wer Gott im Herzen trägt.

Betrachtungen eines Greises über die Weihnachtsbescherungen

Jetzt zeigen sich reich aufgestapelt die Tische und Lichter und außerdem die irdischen Geber, Vater und Mutter, sonst nichts! Und jede neue Weihnachten ist es ganz anders und eleganter: die Neigungen wechseln, die Begierden töten sich im albernen Wettlauf: nichts bleibt, nichts kehrt wieder; es gibt keinen Geber aller Geber, kein Geschenk aller Geschenke, und kein Bild, das nicht mit dem irdischen, handgreiflichen Glücke und mit dem Leben verlöschte.

3

Ganz nah ist dein Wort

LICHT IN DER DUNKELHEIT

Warten in der Nacht

ANDREA SCHWARZ

Mehr als die Wächter auf den Morgen
soll Israel harren auf den Herrn

Psalm 130

Die Stunden der Nacht
ziehen endlos dahin

das Dunkel
will nicht weichen

das Grauen
will nicht enden

die Nacht
stellt mich

ich kann nichts mehr
sehen

in mir ist
Dunkel

und die Angst
wächst

und schreit
und lässt mich frieren

Gott
lass es
Morgen werden

die Nacht
ist schon zu lang

König, Bauer und Knecht

MAX BOLLIGER

IN DER NÄHE BETHLEHEMS LEBTEN VOR ZWEITAUSEND JAHREN ein König, ein Bauer und ein Knecht.

Wenn der König auf seinem Pferd durch die Straßen ritt, fiel der Bauer vor ihm auf die Knie und küsste den Saum seines Gewandes.

Wenn der Bauer auf seinem Esel über die Felder ritt, verneigte sich der Knecht und nahm seinen Hut vom Kopf.

Wenn aber der Knecht jemandem begegnete, wurde er von niemand gegrüßt.

Nur ein kleiner herrenloser Hund hängte sich eines Tages an ihn und wollte nicht mehr von ihm weichen.

Wenn der König schlechter Laune war, ließ er den Bauern für einen Tag ins Gefängnis werfen.

Wenn der Bauer zuviel getrunken hatte, rief er den Knecht und ließ ihn am Feiertag Holz hacken.

Wenn der Knecht unglücklich war, pfiff er dem kleinen herrenlosen Hund und schlug ihn mit dem Stock.

So fürchtete sich der Bauer vor dem König, der Knecht vor dem Bauern und der Hund vor dem Knecht.

Aber auch der König fürchtete sich. Er fürchtete sich vor dem Tod.

Der König verbot seinen Kindern, mit den Kindern des Bauern zu spielen.

Der Bauer verbot seinen Kindern, mit den Kindern des Knechtes zu spielen.

Der Knecht verbot seinen Kindern, mit dem kleinen herrenlosen Hund zu spielen.

So fürchteten sich die Kinder des Königs, die Kinder des Bauern und die Kinder des Knechtes nicht vor dem Tod, nicht vor einem König, nicht vor einem Bauern und nicht vor einem Knecht. Sie fürchteten sich vor der Strafe.

Die Kinder waren traurig, denn sie vermochten zwischen dem Kind eines Königs, dem Kind eines Bauern und dem Kind eines Knechtes keinen Unterschied zu erkennen.

Eines Tages aber stand über Bethlehem ein leuchtender Stern.

In einem Stall mitten auf dem Feld war Christus geboren.

Der König erfuhr es von den Weisen, der Bauer von den Hirten und der Knecht von einem Hüterjungen.

Die drei Weisen, die Hirten und der Hüterjunge erzählten von der Begegnung mit dem Kind, als ob sie ein großes Geschenk von ihm empfangen hätten.

Ohne dass einer vom andern wusste, machten sich der König, der Bauer und der Knecht auf, das Kind zu suchen.

Als sie einander vor dem Stall mitten auf dem Feld trafen, waren sie verlegen.

Aber Maria, die das Kind geboren hatte, lächelte ihnen zu und bat sie näher zu treten.

Und als sie das Kind in der Krippe erblickten, erfüllte sie plötzlich eine große Freude.

Und sie taten, was auch die drei Weisen, die Hirten und der Hüterjunge getan hatten.

Sie knieten nieder und beteten es an.

»Nimm mir die Angst vor dem Tod«, bat der König.

»Nimm mir die Angst vor dem König«, bat der Bauer.

»Nimm mir die Angst vor dem Bauern«, bat der Knecht.

Da fing das Kind an zu weinen, weil es ahnte, dass es für den König, den Bauern und den Knecht einst am Kreuze sterben würde.

Am frühen Morgen kehrten die drei Männer gemeinsam nach Hause zurück, der König in sein Schloss, der Bauer auf seinen Hof und der Knecht in seine Hütte.

Nun wusste einer um des andern Angst, doch der Glaube an das Kind schenkte ihnen die Kraft, sie zu überwinden.

Am folgenden Tag aber spielten die Kinder des Königs, die Kinder des Bauern und die Kinder des Knechtes zusammen mit dem kleinen herrenlosen Hund. Auch er brauchte sich nicht mehr zu fürchten.

MAX BOLLIGER

Winternacht

Georg Trakl

Es ist Schnee gefallen. Nach Mitternacht verlässt du betrunken von purpurnem Wein den dunklen Bezirk der Menschen, die rote Flamme ihres Herdes. O die Finsternis!

Schwarzer Frost. Die Erde ist hart, nach Bitterem schmeckt die Luft. Deine Sterne schließen sich zu bösen Zeichen.

Mit versteinerten Schritten stampfst du am Bahndamm hin, mit runden Augen, wie ein Soldat, der eine schwarze Schanze stürmt. Avanti!

Bitterer Schnee und Mond!

Ein roter Wolf, den ein Engel würgt. Deine Beine klirren schreitend wie blaues Eis, und ein Lächeln voll Trauer und Hochmut hat dein Antlitz versteinert und die Stirne erbleicht vor der Wollust des Frostes; oder sie neigt sich schweigend über den Schlaf eines Wächters, der in seiner hölzernen Hütte hinsank.

Frost und Rauch. Ein weißes Sternenhemd verbrennt die tragenden Schultern und Gottes Geier zerfleischen dein metallenes Herz.

O der steinerne Hügel. Stille schmilzt und vergessen der kühle Leib im silbernen Schnee hin.

Schwarz ist der Schlaf. Das Ohr folgt lange den Pfaden der Sterne im Eis.

Beim Erwachen klangen die Glocken im Dorf. Aus dem östlichen Tor trat silbern der rosige Tag.

Wenn die Weihnacht kommt

MAX DAUTHENDEY

Wenn die Weihnacht kommt,
da werden Kinderaugen strahlen,
wird im Lichterglanz der Christbaum stehn,
wird sich Freude in den Augen malen,
die sonst keine Freude sehn.

Wenn die Weihnacht kommt,
wird Glück und Eintracht walten,
auch in Häusern, die kein Leid verschont,
wird der Friede seinen Einzug halten,
wo sonst Kampf und Sorge wohnt.

Wenn die Weihnacht kommt,
wird man vom Kind erzählen,
das in Bethlehem geboren ward.
Wenn die Weihnacht kommt,
wird mancher fehlen,
der durch Krieg und Tod verloren ward.

MAX DAUTHENDEY

Wenn die Weihnacht kommt,
soll man sich fragen,
ob's nicht besser wär'
und nicht so schwer,
wenn der Friede nicht nur an den Feiertagen,
sondern allezeit auf Erden wär'.

Wenn die Weihnacht kommt,
soll man gut hören
in sich selbst hinein wie im Gebet.
Wenn es Weihnacht ist,
soll man sich schwören,
dass nie wieder Krieg und Hass aufsteht.

O du selige – und unselige ...

GERTRUD FUSSENEGGER

»WIR REDEN HEUTE ÜBER WEIHNACHTEN«, sagte der Lehrer, »und ihr sollt mir davon erzählen. Lasst hören! Was geschieht denn eigentlich, wenn das Christkind kommt?«

»Dann gibt es einen Christbaum und viele Geschenke«, sagte der kleine Junge in der ersten Bank, »und wir dürfen essen, soviel uns schmeckt von Keks und Schokolade und Lebkuchen, und um Mitternacht gibt es noch Würstel.«

»Wir gehen auf den Friedhof«, meldete sich das kleine Mädchen neben ihm, »und bringen der Großmutter vor der Bescherung ein Bäumchen und stellen es vor ihren Grabstein, und es ist recht schön, wenn sich die Lichter im Marmor spiegeln ...«

»Bei uns«, sagte ein zweiter Junge, »liest die Mutter aus der Bibel vor, und mein Bruder spielt auf der Geige ›Stille Nacht‹. An unserem Baum hängen viele Engel, die haben wir selbst ausgeschnitten und vergoldet, und auch die Krippe haben wir selbst gemacht.«

»Das ist schön«, sagte ein größeres Mädchen, »aber ich weiß noch etwas Schöneres. In der Vorweihnachtszeit gehen wir manchmal zur Rorate. Das ist die frühe Messe, da ist es noch dunkel, auf der Straße ist es ganz still, nur die Glocke läutet vom Turm, kurz und irgendwie – leiser als sonst, als wollte sie nicht zu viele Menschen wecken. Wenn es geschneit hat, kann es schon geschehen, dass wir die Ersten sind, die ihre Schritte setzen in den Schnee, da gibt es ein ganz eigenartiges Gefühl.«

»Bei uns ist das anders«, fiel ihr eine Kameradin ins Wort, »wir haben keine Zeit, in die Rorate zu gehen, wir tun dafür Gutes. Wir sammeln für die Dritte Welt, und Mutter schneidert Kittel für die Sahelbewohner, und wir Geschwister basteln Spielzeug für indonesische Kinder. Im letzten Jahr haben wir einen ganzen Koffer voll zur Sammelstelle gebracht, und heuer werden es vielleicht sogar zwei sein.«

»Bravo«, sagte der Lehrer, »das ist ausgezeichnet.«

Er kehrte zu seinem Pult zurück und wollte über die Notwendigkeit sprechen, dass Reiche an Arme spenden sollen.

Da hörte er ein scharfes, zischendes Flüstern hinter sich. Ein viertes Mädchen sagte: »Das ist doch Quatsch, das Selber-Schneidern und Selber-Basteln. Meine Eltern hätten *dazu* keine Zeit. Die kommen am 24. immer erst gegen Abend aus dem Geschäft und sind dann regelmäßig fertiggemacht durch den Betrieb. Mam ist so hin, dass sie heult, und Vater schimpft und haut auf den Tisch. Aber dann sind sie doch so weit, dass sie uns alle ins Auto packen, und wir fahren irgendwohin ins Gebirge, in ein Hotel. Wenn wir dort ankommen, ist die Weihnachtsfeier meist schon aus – die Eltern trinken noch was, wir kippen ins Bett –, und am anderen Tag kommt keins von uns vor zwölf aus der Klappe.«

»Und Geschenke bekommt ihr keine?«, fragte eine Stimme von hinten.

»Geschenke? Ach doch! Wenn Inventur gemacht wird zwischen Neujahr und Dreikönig, da können wir uns dann aussuchen, was wir wollen.«

»Das möcht' ich nicht«, erwiderte ein Kleiner. »Ich will schon alles am Heiligen Abend haben. Ich hab's gut, ich hab' immer zwei, drei Bescherungen.«

»Wieso denn das?«

»Weil meine Eltern geschieden sind. So geh' ich zuerst zu Papi und krieg' dort, was ich mir gewünscht hab', und ich darf mir von ihm immer sehr viel wünschen. Dann bin ich bei den Großeltern, die sind auch nicht knauserig. Und zum Schluss bei Mami, da ist dann der Weihnachtsbaum und die Krippe und all der Klimbim, und da krieg' ich noch einmal so viel, weil sie nicht weniger geben will als Papi, und ich weiß, dass sie eifersüchtig ist, wenn mir ein Geschenk von Papi besser gefällt.«

»Du hast es gut«, murmelt ein Banknachbar, »bei uns ist Weihnachten immer ganz scheußlich, seit mein Bruder auf dem Moped verunglückt ist. Meine Mutter weint nur, und Vater geht ins Wirtshaus, und wenn er heimkommt, geht das Streiten los. Ich habe nur den Fernseher am Heiligen Abend, der ist mein Glück.«

Der Lehrer denkt: Armer Kerl. Und denkt: Jetzt wird es gefährlich. Und denkt: Wie biege ich das Gespräch noch zurecht? So ist er beinahe erleichtert, als sich aus dem Hintergrund die junge Kollegin meldet. Sie sitzt als Hospitantin in seinen, des alten und erfahrenen Lehrers Schulstunden, um zu hören und um zu lernen.

»Ich habe einen Nachbarn«, lässt sie sich vernehmen, »der ist Schaffner bei der Eisenbahn, ein älterer Mann. Der lässt sich am 24. Dezember nie freigeben. Wenn alle heimgehen wollen, er will nicht heimgehen. Die Züge müssen ja fahren wie immer, auch in dieser Nacht. Er hat mir einmal davon erzählt, wie das ist. Am Nachmittag ist noch alles unterwegs mit Sack und Pack. Um sechs wird es schon stiller, um acht ist keiner mehr da. Der Schaffner geht von Wagen zu Wagen. Die Abteile sind leer. Wenn der Zug hält, steigt keiner mehr ein. Und *wenn* einer einsteigt, dann hat er meist einen besonderen Grund: Entweder er hat gerade eine dringende Nachricht erhalten, es liegt jemand im Sterben, oder es ist sonst etwas Unerwartetes passiert. Zu ihm setzt sich dann mein Nachbar und redet mit ihm, und da hört er manchmal ganz merkwürdige Geschichten.«

»Erzählen! Erzählen!«, rufen einige Stimmen.

»Eine hab' ich mir auch gemerkt«, fährt die junge künftige Lehrerin fort, und nach einigem Besinnen fängt sie an:

»Es war also an einem Heiligen Abend, und mein Nachbar fuhr als

Schaffner mit einem Schnellzug nach Wien und von Wien wieder zurück nach Salzburg. Erst war es wie immer: viele Leute, und es gab viel zu tun. Er zwickte Karten und gab Auskunft, da fiel ihm ein Mädchen auf, es konnte auch eine junge Frau sein, sie war aufgeregt und wollte immer wissen, wann der Zug in Wien ankäme und ob er wohl keine Verspätung haben werde; sie war blass und zitterte und konnte es offenbar gar nicht mehr erwarten, endlich anzukommen.

Sie waren schon knapp vor dem Ziel, da kam sie aus dem Abteil und lief dem Schaffner nach und fragte, ob er wisse, wo in Wien das Untersuchungsgefängnis sei. Und wie man am schnellsten hinkäme.

Ach so, dachte der Schaffner, das also ist dein Ziel! ›Und dort wollen Sie jemanden besuchen?‹ fragte er.

Das Mädchen nickte mit zusammengepressten Lippen. Sie sah aus, als würde sie sich diese Fahrt in schrecklicher Herzensnot selbst abgerungen haben.

Der Schaffner gab ihr Auskunft, so gut er es selbst wusste, aber er riet ihr, in Wien noch einmal zu fragen. Am Westbahnhof fiel ihm noch auf, dass das Mädchen als Erste aus dem noch fahrenden Zug sprang und dann in Richtung Ausgang hetzte, richtig hetzte, so sagte er.

Und dann?

Dann dachte er nicht mehr daran und versah seinen Dienst, und gegen Mitternacht übernahm er den Zug nach Salzburg zurück. Der war nun ganz leer. Der Schaffner ging einsam von Waggon zu Waggon. Er hatte das Gefühl, in einem Gespensterzug zu sein, auf sinnloser Reise. Sinnlos die Eile, sinnlos das Lärmen der Räder, sinnlos die Lichter, die niemandem leuchteten, sinnlos die Heizung, die niemanden wärmte. Da kam er an ein Abteil, da war's dunkel, und als er das Licht anknipste, saß eine Frauensperson da, das Gesicht im Mantel versteckt, und als er die Fahrkarte verlangte, war es das Mädchen vom Nachmittag.

Er sagte: ›Da sind Sie ja wieder!‹ – und da sah er, dass sie ganz verweint war und dass ihr auch jetzt die Tränen über die Wangen liefen.

Er setzte sich zu ihr, jetzt weinte sie noch mehr, und eine Weile konnte sie auf seine Fragen überhaupt keine Antwort geben. Aber schließlich erzählte sie ihm doch ...

Sie hatte einen Verlobten, der war wegen einer schlimmen Sache in Verdacht geraten, und man hatte ihn Anfang Dezember in Untersuchungshaft genommen. Sie glaubte nicht, dass er schuldig sei, aber ihre Eltern glaubten es und ließen es sich nicht ausreden und wollten sie von ihm trennen.

So hatten sie ihr alle Nachrichten verheimlicht, die in der letzten Zeit von ihm an sie gekommen waren.

Erst am Morgen des 24. Dezember hatte sie die abgefangenen Briefe in einer Schublade ihrer Mutter gefunden. Es hatte eine schreckliche Szene gegeben, und das Mädchen war zur Bahn gestürzt und hatte den nächsten Zug genommen, um nach Wien zu fahren und, wenn nur immer möglich, noch an diesem selben Abend zu ihrem Geliebten vorzudringen.

Als sie ankam, war es schon spät. An der Wache hatte man sie sehr ungnädig empfangen und sie angeschnauzt, sie solle sich gefälligst eine andere Besuchszeit aussuchen und solle nach den Feiertagen wiederkommen.

So sei sie vor der Tür gestanden, und nachdem sie den Gefängnisblock wohl zehnmal umkreist und zu allen Gitterfenstern hinaufgeschaut und hinaufgewinkt hatte, sei sie schließlich – vor Kälte halb erstarrt und von Kummer und Schwäche ausgehöhlt – auf den Bahnhof zurückgekehrt. Nun fahre sie wieder heim, heim und doch nicht nach Hause, zu ihren Eltern wolle sie keinesfalls, aber einer Freundin habe sie sich angekündigt, dort hoffe sie Unterschlupf zu finden für die nächsten Tage, und von dort werde sie wieder nach Wien aufbrechen und alles unternehmen, um ihrem Freund zu helfen.

Der Schaffner hörte sich das alles an und versuchte, das Mädchen zu trösten, sofern da zu trösten war, und das Mädchen begann immer wieder zu weinen. So verging die Fahrt.

Gertrud Fussenegger

Immer wenn der Zug hielt, musste der Schaffner aufstehen und hinaus auf den Bahnsteig gehen und darauf warten, dass die Minute der vorgeschriebenen Aufenthaltszeit verrann und der Vorstand mit der roten Mütze die grüne Tafel hob.

So kamen sie schließlich gegen Salzburg. Als Maria Plain auftauchte, grünlich bestrahlt über schwarzem zottigem Wald, machte sich das Mädchen zum Aussteigen fertig. Der Schaffner wünschte ihr noch einmal alles Gute: ›Vielleicht kommt Ihr Freund doch noch frei. Wenn er es nicht getan hat, wird es sich schon herausstellen.‹

Als der Zug hielt, stieg das Mädchen aus und ging auf die Treppe zu, die zum Ausgang führt. Auch hier waren die Bahnsteige leer, nur ein paar Gepäckwagen standen herum und einige verwaiste Kofferkulis – ja, und ganz vorn an der Lokomotive standen einige Leute, aufgereiht nebeneinander, so als warteten sie auf jemanden. Es waren zwei Männer und zwei Frauen. Das Mädchen ging auf sie zu, vornüber gebeugt und zusammengekrümmt im fegenden Wind. Da aber, plötzlich, stockte sie und stand. Dann stieß sie einen Schrei aus und stürzte vorwärts. Sie stürzte auf einen der Männer zu, auf den jüngeren der beiden, und auch er lief auf sie zu. So fielen sie einander in die Arme.

Der Schaffner hörte das Mädchen noch laut und gellend aufweinen. Aber die anderen lachten schon und umringten das Paar und klopften ihnen auf Rücken und Schultern. Was sie redeten, war nicht zu verstehen, sie redeten durcheinander und überschrien einander vor Freude, und schließlich zogen sie alle fünf, ohne sich noch einmal umzusehen, die Treppe hinab.

Der Schaffner sah ihnen nach, wiegte den Kopf und pfiff leise vor sich hin. Da war wohl etwas Gutes geschehen, er meinte verstanden zu haben, was geschehen war. Er reimte es sich zusammen: Der junge Mann war, als schuldlos erkannt, aus dem Gefängnis entlassen worden. Er war zu seiner Verlobten nach Salzburg gefahren und hatte sie bei ihren Eltern gesucht. Und schließlich waren sie, von der Freundin benachrichtigt, alle vier zum Bahnhof gegangen, um die nach Mitternacht Heimkehrende abzuholen und mit ihr Rettung und Versöhnung und vielleicht doch noch einen späten Christabend zu feiern. Das dachte er sich aus, mein Nachbar, der Schaffner, und so kann es ja schließlich auch gewesen sein.«

Die junge Kollegin schwieg und sah sich, nun etwas beunruhigt, in der Klasse um. Sie merkte jetzt, dass sie lange gesprochen und noch dazu ein Thema berührt hatte, das vielleicht gar nicht in die Schule passte. Die Kinder hatten stillgesessen und genau zugehört, vielleicht gar zu genau, auch das beunruhigte die junge Lehrerin, doch zugleich freute sie sich auch, und sie suchte mit einem Scherz abzuschließen.

Da ergriff der ältere Lehrer das Wort und sagte: »Danke für diese Geschichte, Frau Kollegin. Aber Sie haben uns nicht erzählt, warum Ihr Nachbar gerade am Weihnachtsabend immer auf Fahrt sein wollte? Hat er denn niemanden, mit dem er feiert?«

Die junge Lehrerin stutzte, dann schüttelte sie den Kopf und sagte: »Nein, darüber hat er nie etwas gesagt – oder vielleicht doch? Er hat einmal gesagt: *Wenn alle vernünftig sind, muss einer sein, der spinnt. Und der eine, der bin halt ich.*«

Nun lachte die ganze Klasse, auch der Lehrer lachte. Draußen läutete die Schulglocke das Pausenzeichen. Der Lehrer ging mit der Lehrerin in den Konferenzraum.

»Ich meine«, sagte er, »Ihr Nachbar hat nicht so unrecht. Wenn alle vernünftig sind, muss einer spinnen. Er muss das System offen halten, sonst erstarrt es, und das ist dann auch eine Art höherer Vernunft.«

Die Lehrerin blieb stehen und blickte den Lehrer verwundert an.

»Ach«, sagte sie dann, »so hab' ich's noch gar nicht gesehen!« Dann ging sie weiter, mit ihren Armen schlenkernd, und immer noch lächelnd, biss sie in ihren Pausenapfel.

Gertrud Fussenegger

Ein kleines Weinen in der dunklen Nacht

Janusz Korczak

Nacht.
Halbdunkles Licht der blauen Lampe.
Sie schlafen.
Stille.
Nacht.
Der Atem von fünfzig Kindern.

Er hat Zahnschmerzen. Lange kämpft er mit dem Schluchzen. Es tut sehr weh. Er ist acht Jahre alt. Dann weint er laut. Er könnte andere wecken …

»Leise, – gleich …«

– … es ist schon besser; aber bitte, gehen Sie nicht fort.

Er hält meine Hand. Spricht leise. Flüstert.

– … dann die Mama. Dann war ich bei der Oma, aber sie ist auch gestorben. Dann war ich bei der Tante. Sie jagte mich aus dem Haus. Es war kalt. Der Onkel hat mich aufgenommen. Er ist arm. Ich war sehr hungrig. Er hat Kinder. Alle Kinder wurden krank. Ich auch. Der Wirt befahl, in der Kammer zu schlafen, aus Furcht vor Ansteckung.

– Die Zähne tun immer in der Nacht weh.

Dann hat mich eine Dame aufgenommen, aber nur für kurze Zeit. Sie ging mit mir auf einen Platz und hat mich dort stehen gelassen. Es war dunkel. Ich war noch klein. Ein Junge stieß mich herum. Dann hat mich der Polizist hingeführt. Dort waren Polen. Ich war dort. Dann haben sie mich zurückgeschickt. Die Tante hat geschrien. Hier fühle ich mich wohl. Die Tante hat mir nicht erlaubt, Ihnen zu erzählen, wo ich war. Ich bleibe doch hier, nicht wahr?

– Sie sind mir doch nicht mehr böse, daß ich den Ball auf den Rasen geworfen habe?

– Die Jungens haben dir nicht gesagt, daß es verboten ist?

Er antwortet nicht. Er ist eingeschlafen. Komisch. Vielleicht war es das Licht? Oder schien es mir nur so? Es war ein kurzer Moment. Aber ich habe ihn gesehen. Ja. Einen heilen Heiligenschein um sein gequältes Köpfchen. Es ist mir erst das zweite Mal passiert.

Nur ungern veröffentliche ich diese Notiz. – In keiner Weise wird sie derjenige verstehen, der das in der nächtlichen Stille in einem großen Schlafraum eines Waisenhauses nicht selbst miterlebt hat.

Janusz Korczak

Der Nussknacker

Lilo Beil

Die Mutter hatte ihr das rote Mäntelchen angezogen, das sie so sehr liebte. Es passte so schön zu den schwarzen Lackschuhen und den weißen Kniestrümpfen.

»Warum verreisen wir, und wohin?«, hatte Lea gefragt. »Es ist doch erst Anfang Mai, und die Sommerferien sind im Juli.«

»Wir reisen gen Osten«, hatte die Mutter geantwortet. Das klang hübsch, das klang nach Ostsee und Sommerfrische und Strandkörben und Ballspielen, nach Eis und Sandburgen bauen, und im Osten ging jeden Morgen die Sonne auf.

Sie waren einmal dort gewesen, die ganzen großen Ferien lang, Vater, Mutter, Lea.

Doch jetzt klang Mutters Stimme nicht nach Sonne, Wind, Kinderlachen. Sie klang eher ernst, überhaupt war ihre schöne, elegante Mutter seit längerer Zeit sehr still, nachdenklich, bedrückt. Das würde besser werden, wenn Vater von der langen Geschäftsreise zurückkäme.

Auch er war nach Osten gefahren, ganz plötzlich.

Monate vorher waren die Freunde ihrer Eltern, die Nachbarn, ihre eigenen Schulkameradinnen so merkwürdig geworden und hatten sie gemieden.

In den Geschäften wurde man so kalt behandelt, nur noch die Kolonialwarenhändlerin an der Ecke steckte ihr weiterhin ihre Lieblingsbonbons zu, die hellroten Himbeerbonbons, die sich so schön huppelig anfühlten auf der Zunge – sie tat das aber nur, wenn keiner sonst im Laden war. Wenn sich jemand traute, gut zu sein, dann nur heimlich.

Das hatte alles mit den »braunen Herren« zu tun, wie Leas Mutter sie nannte, und mit dem gelben Stern, den sie seit einiger Zeit immer tragen mussten, sobald sie das Haus verließen.

Lea nahm ihren kleinen, schicken Lackkoffer in die Hand, den Vater ihr letztes Jahr zum neunten Geburtstag geschenkt hatte.

In der anderen Hand trug sie Klara, ihre Lieblingspuppe, ein Geschenk von ihrer Freundin Anna, die auf dem gleichen Stockwerk wohnte wie sie.

Anna und Lea waren zusammen in der Ballettschule gewesen. Sie hatten vorigen Winter den »Nussknacker« aufgeführt, Lea hatte die Klara getanzt, Anna den Nussknacker. Der Ballettmeister hatte sich für Leas Verbleib in der Gruppe eingesetzt, er »hatte Beziehungen«, was immer das auch heißen mochte.

Zum Weihnachtsfest hatte Lea dann ihrer Freundin Anna einen wunderschönen, buntlackierten, hölzernen Nussknacker geschenkt, Anna hatte Lea mit der Puppe Klara überrascht. Sie hatte lustige Korkenzieherlocken, die mit Riesenschleifen hochgebunden waren.

Als Lea mit ihrer Mutter ins Treppenhaus trat, stand Anna mit dem Nussknacker in der Hand vor ihrer Wohnungstür. Anna war ihre Freundin geblieben, trotz der braunen Herren und des gelben Sterns.

Annas große Augen blickten ernst, so ernst fast wie die von Leas Mutter.

»Ich verreise«, sagte Lea, »gen Osten. Ich glaube, für Klara ist es besser, sie bleibt hier bei dir.« Und sie reichte Anna die blonde Korkenzieherhaar-Puppe.

»Pass gut auf sie auf, bis ich wiederkomme.«

»Ich versprech's dir«, antwortete Anna sehr leise.

Die Spur von Leas Reiseweg und dem ihrer Mutter verliert sich in Theresienstadt.

Lilo Beil

Ein Zeichen vom Himmel

Elaine Seidenfeld

Das Inferno von Auschwitz erreichte im Sommer 1944 seinen Höhepunkt. Dr. Joseph Mengele, der elegante »Todesengel«, dirigierte mit einem Lächeln auf den Lippen Hunderttausende neu angekommene ungarische Juden in sein bevorzugtes Kommando, das »Himmelskommando« im Krematorium, dem Ort ohne Wiederkehr.

In diesem Sommer rauchten die Schornsteine Tag und Nacht. Ständig hing ein feiner Dunst über dem Lager, der die Luft mit dem Gestank von rohem Menschenfleisch erfüllte.

Unter den Neuankömmlingen befand sich auch Elaine Seidenfeld aus Chust. Sie wurde mit der Wirklichkeit von Auschwitz schon auf der riesigen Plattform der Bahnstation vertraut gemacht, auf der man sie gewaltsam von ihrem Mann und allen männlichen Verwandten, die mit dem Transport eingetroffen waren, trennte.

Im Laufe ihrer ersten Nacht in Auschwitz wurde sie, zusammengepresst wie ein Hering zwischen zwölf anderen jungen Frauen auf der obersten der dreistöckigen Pritschen, in die Hölle von Auschwitz eingeweiht. Die Veteranen im Lager C verschonten Elaine nicht. Sie klärten sie über die Grauen erregenden Tatsachen von Auschwitz auf.

»Heute sind sie dran, morgen wir«, meinte ein abgemagertes polnisches Mädchen und deutete mit ihrem knöchernen Finger auf den rot glühenden Himmel.

»Ich nicht«, widersprach die entsetzte Elaine, »ich werde es überleben. Ich will leben und meinen Mann wiederfinden.«

»Du bist neu hier«, erwiderte die Polin. »Wir alle wollten einmal leben, doch das hilft uns nichts.«

»Ich will leben«, beschwor Elaine das Mädchen. »Ich muss leben, ich muss meinen Mann wiedersehen.«

Keiner reagierte auf ihren Protest. In der Ferne hörte man einen Schrei, dann war wieder alles still. Nur Elaine flüsterte: »Ich will leben. Ich will leben.«

Von Mai bis August stand Elaine mehrere Selektionen durch. Manchmal waren es zwei an einem Tag, morgens der Zählappell und abends der Namensaufruf. Am meisten fürchtete sie sich vor Dr. Mengele und einer weiblichen Kapo, von der das Gerücht umging, sie sei die Tochter eines bekannten slowakischen Rabbi. Und dann geschah es. Ihre Ängste wurden Wirklichkeit. Sie wurde herausgesucht, als einzige aus ihrer Gruppe. Sie bat eine Bekannte aus Chust, die in Lager C zu einer kleinen Position aufgestiegen war, sie auszuwechseln und in ihre frühere Gruppe zurückzubringen, doch vergeblich.

Und so wurde Elaine an einem schwülen Augusttag des Jahres 1944 unter den Klängen des Frauenorchesters von Auschwitz von SS-Männern, die mit ihren Schäferhunden den Weg säumten, zusammen mit 3000 anderen weiblichen Häftlingen aus Lager C zu den Gaskammern geleitet. Je näher sie kamen, desto fieberhafter wiederholte Elaine ihre einzige Bitte, die sie seit ihrer Ankunft in Auschwitz ständig auf den Lippen trug. »Ich will leben, ich will meinen Mann finden.« Vor den Gaskammern kam der Zug zum Stehen.

Jemand pfiff, und sie wurden in eine große leere Halle geführt. Hier befahl man ihnen, sich auszuziehen, die Kleider sorgfältig zusammenzulegen und unter die Duschen zu gehen.

Elaine schloss die Augen. Echtes kaltes Wasser ergoss sich über ihren Körper. Das Wasser stellte sich automatisch ab. Dann wurden sie wiederum in eine andere Halle gebracht. Jedes Mädchen erhielt ein einfaches graues Kleid mit einer auf den Ärmel eingenähten Nummer und ein paar Schuhe. Wieder marschierten sie, diesmal an Lager C vorbei zur Bahnstation. Man verfrachtete sie auf geschlossene Viehwaggons, 150 Mädchen pro Waggon. Elaine presste sich gegen die Zugwand in der Hoffnung, einen Spalt zwischen den Brettern zu entdecken, aus dem heraus sie die Richtung des Zuges, ihr Schicksal, ausmachen konnte. Es gelang ihr nicht, der Zug war dicht verriegelt. Es war dunkel, die Mädchen standen aneinandergereiht wie Holzbretter.

»Ich will leben«, sagte sie sich immer wieder. »Ich will leben. Wenn ich nur ein verheißungsvolles Zeichen entdecken würde, irgend etwas, das mir zeigt, dass ich leben werde.«

Plötzlich kam der Zug mit einem Ruck zum Stehen, die Balken hinter Elaine ächzten und ein schmaler Lichtstrahl wurde sichtbar. Zwischen den Brettern hatte sich ein Riss gebildet. Durch diesen winzigen Spalt erblickte Elaine den klaren blauen Himmel, ein Himmel, der nicht zum Totenreich von Auschwitz gehörte.

Und da, am hellblauen Firmament verlief eine weiße Linie. Ein Glücksgefühl durchströmte Elaine. Ihr Gebet war erhört worden, der Himmel hatte ihr ein Zeichen geschickt, sie würde überleben! Dies war das Zeichen, um das sie gebetet hatte. Der strahlendweiße Strich war ein Urteil, im Himmel gefällt, wer sterben und wer leben sollte. All das Blut, der brennende Himmel über Auschwitz verwandelten sich eigens für sie in eine einzige klare, weiße Linie – ihre Lebenslinie. »O Gott, du hast Noach einen Regenbogen gegeben und mir diesen weißen Strich am Himmel. Auch ich werde diese Sintflut aus Blut überleben, denn dies ist ein Zeichen vom Himmel, dass du mich ins Buch des Lebens eingetragen hast.«

Der Zug erreichte Stutthof. Die Mädchen mussten bald erfahren, dass Stutthof gegenüber Auschwitz keine Verbesserung bedeutete. Viele starben infolge von Zwangsarbeit, Hunger und Wassermangel, andere schickte man in die Gaskammern. Doch nicht Elaine; sie hatte Glück. Mit aller Kraft klammerte sie sich an ihre unsichtbare weiße Linie, ihr himmlisches Versprechen. Sie ergab sich nicht in die tödliche Wirklichkeit von Stutthof. In den letzten Monaten des Jahres 1944 wurden 4000 Frauen aus Stutthof und den Außenlagern nach Dachau, Buchenwald, Neuengamme und Flossenbürg deportiert. Elaine blieb wie durch ein Wunder verschont.

Als im Januar 1945 die russische Front sich Stutthof näherte, wurde Elaine mit 26 000 anderen Frauen evakuiert. Viele wurden in der Ostsee ertränkt, andere auf den langen Todesmarsch geschickt. Tausende kamen unterwegs um. Der gefrorene Boden, tiefer Schnee, beißende Winde, Hunger und Durst forderten ihren Preis. Doch Elaine marschierte weiter. In einem dünnen Sommerkleid und mit schäbigen Holzschuhen an den Füßen heftete sie ihre Schritte auf die weiße Lebenslinie; sie führte Elaines blutende Füße durch den zertrampelten Schnee. Im von Rauch und Asche geschwängerten schwarzen Himmel über ihr konnte sie diese Linie sehen. Mit jedem Atemzug hielt sich ihre Seele an dem schnurgeraden weißen Strich fest.

Dann war alles vorbei. Der Krieg war zu Ende, die Gewehre schwiegen. Leichen bedeckten das Angesicht der Erde. Die Deutschen ergriffen die Flucht vor den roten Befreiern, die ihren Siegespreis forderten: das Gehirn des Menschen und den Körper der Frauen. Elaine vertraute ihrer weißen Linie, die sie nach Hause, nach Chust, zu ihrem Mann zurückgeleiten würde.

Einsame Überlebende, alles, was von einer ganzen Familie oder Stadt übrig geblieben war, zogen durch ein verwüstetes Europa. Sie kehrten in ihre Heimatorte zurück auf der Suche nach Überresten einer verloren gegangenen Zeit. Sie passierten dieselben Bahnhöfe, reisten auf denselben Gleisen, die noch Monate zuvor in die Gaskammern führten und die Öfen fütterten. Diesmal fuhren sie gen ›Heimat‹. Elaine war auf dem Weg nach Chust. Dann, auf einem überfüllten Bahnsteig, sah sie ihren Mann ebenfalls einen Zug nach Chust besteigen.

»Was, glauben Sie, war dieser weiße Strich am Himmel, den Sie aus dem Spalt im Viehwagen nach Stutthof gesehen haben, wirklich?«, fragte die Interviewerin Elaine dreißig Jahre danach in ihrem Heim in Brooklyn.

Elaine Seidenfeld

»Sehen Sie, um zu überleben, müssen Sie an etwas glauben. Sie brauchen eine Quelle der Hoffnung, des Mutes, etwas, das größer ist als Sie selbst, etwas, um die Wirklichkeit zu bewältigen. Jene Linie war meine Hoffnungsquelle, mein Zeichen vom Himmel. Viele Jahre später, nach der Befreiung, als meine Kinder groß wurden, dämmerte es mir, dass der weiße Strich die Abgase aus dem Auspuffrohr eines vorüberfliegenden Flugzeugs gewesen sein könnte, doch ist das wirklich wichtig?«

Nach einem Interview von Sharon Lynn Perris mit Elaine Seidenfeld, April 1978.

Der vierte König

Eine Legende aus Russland

Wisst ihr auch, so erzählt eine alte Legende, dass nicht drei, sondern vier Könige aus dem Morgenlande aufgebrochen waren, um den König der Juden anzubeten? Auf vier verschiedenen Wegen kamen sie gezogen, und jeder trug das Köstlichste seines Landes: leuchtendes Gold der eine, süßen Weihrauch der zweite, herbe Myrrhe der dritte, und der vierte und jüngste drei Edelsteine von unschätzbarem Wert. Der geheimnisvolle Stern zog ihnen voran, und rastlos folgten sie ihm. Kannten nicht Tag und Nacht, nicht Hunger und Durst. Blind waren sie für die Schönheit der Erde, taub für die lärmende Pracht der Städte. Die Wüste fürchteten sie nicht. Die Sonne selbst konnte ihnen nicht schaden – sie suchten ja ihn, nach dem ihr Volk seit tausend Jahren ausgeschaut, den Gottkönig, den Erlöser.

In keinem brannte die Sehnsucht, Gott zu schauen, so wie in dem jungen König. Er ritt zuletzt, ganz in seine Wunschträume versunken. Da, auf einmal vernahm er ein Schluchzen, so zwingend und bitterlich, dass er aus allen Träumen gerissen wurde. Im Staube sah er ein Knäblein liegen, nackt, aus fünf Wunden blutend. So seltsam fremd und zart war dieses Kind und so ohne jede Hilfe, dass er es in heißem Erbarmen behutsam aufs Pferd hob. Langsam ritt er ins Dorf, durch das sie eben erst gekommen waren, zurück.

Die drei anderen Könige indessen wurden es nicht einmal gewahr. Sie zogen unentwegt dem Sterne nach.

Im Dorf kannte niemand das Kind. Der junge König aber hatte es so lieb gewonnen, dass er es einem guten Weibe zur Pflege übergab. Aus seinem Gürtel holte er den einen Edelstein und vermachte ihn dem Kinde, damit so sein Leben gesichert sei. Dann aber trieb es ihn fort, die Gefährten und den Stern, den er verloren hatte, zu suchen. Er fragte die Menschen um den Weg, den die fremden Könige genommen, und o Freude! – eines Tages erblickte er den Stern wieder und eilte ihm nach. Doch seltsam, so sehr er sich sehnte, den Heiland der Welt zu finden und anbetend vor ihm niederzusinken – die Not des Kindes hatte ihn hellhörig gemacht für alle Not, und sie ließ ihn nicht mehr los.

Der Stern führte ihn durch eine Stadt. Ein Leichenzug begegnete ihm. Hinter der Bahre schritt ein Weib mit ihren Kindern. Äußerste Trostlosigkeit sprach aus ihren Zügen, und in Verzweiflung klammerten sich die Kinder an die Mutter. Da stieg der König vom Pferd, denn er sah wohl, dass nicht allein die Trauer um den Toten solchen Schmerz hervorgerufen hatte. Den Mann und Vater trug man zu Grabe, und vom Grabe weg sollten die Frau und die Kinder als Sklaven verkauft und auseinander gerissen werden, weil niemand für die Schuld aufkommen wollte. Von Mitleid übermannt, entnahm er dem Gürtel den zweiten Edelstein. Er lag ihm auf der Hand, und die Sonne ließ ihn funkeln und leuchten. Dem neugeborenen König war er zugedacht. Doch mit einer raschen Bewegung legte er ihn in die Hand der trauernden Witwe: »Bezahlt, was Ihr schuldig seid, und kauft Euch Haus und Hof und Land, damit Ihr und Eure Kinder eine Heimat habt.« Sprach's, schwang sich aufs Pferd und wollte dem Stern entgegenreiten.

Doch dieser war erloschen. Tage- und wochenlang suchte und forschte er. Eine große Traurigkeit befiel seine Seele. Zweifel, ob er wohl seiner Berufung untreu geworden, quälten seinen Geist. Und die Angst, nie mehr Gott finden zu dürfen, zehrte an seinem Leibe. Bis sein Licht ihm eines Tages wieder aufleuchtete und er mit frischer Kraft und in der Seligkeit des Herzens dem einen Ziel entgegenstrebte.

Er kam durch ein fremdes Land. Krieg wütete dort und Leid und Elend und Blut bedeckten die Erde und Herzen. In einem Dorfe hatten die Soldaten die Bauern auf einem Platze zusammengetrieben. Eines grausamen Todes sollten sie sterben. In den Hütten schrien die Frauen im Wahnsinn des Entsetzens und die Kinder wimmerten. Da packte den jungen König das Grauen. Er hatte zwar nurmehr einen einzigen Stein. Sollte er denn mit leeren Händen vor dem König der Juden erscheinen? Doch dies Elend war so riesengroß, dass er auch den letzten mit zitternden Händen opferte, die Männer vom Tode loskaufte und das Dorf vor der Verwüstung, die Frauen vor Schändung bewahrte.

Müde und traurig ritt er weiter. Der Stern leuchtete nicht mehr. Seine Seele war im Leid schier untergegangen. Wo war sein eigenster Weg? Immer und immer wieder riss die Not der Menschen ihn vom Ziel zurück. Jahrelang wanderte er. Zuletzt zu Fuß, da er auch sein Ross verschenkt hatte. Nichts besaß er mehr. Selbst bettelnd durchzog er als Pilger die Lande, half dort einem alten Weiblein die zu schwere Last tragen, schützte hier ein junges Mädchen vor wüstem Tun, pflegte Kranke und scheuchte einem halb verhungerten Pferde die lästigen Fliegen fort.

Keine Not blieb ihm fremd. Keinem Schmerz, dem er begegnete, konnte er ausweichen. Und eines Tages begab es sich, dass er am Hafen einer großen Stadt gerade dazukam, wie ein Vater seinem unglücklichen Weib und den klagenden Kindern mit Gewalt entrissen werden sollte. Ein Sklave war es, der sich gegen die Tyrannei seines Herrn aufgelehnt hatte. Dafür sollte er auf einer Galeere büßen. Der König bat und flehte so inständig für den armen Menschen, und als alles nichts helfen wollte, bot er sich selber an. Mit seiner eigenen Freiheit, seinem eigenen Leben kaufte er den Unglücklichen los und stieg als Galeerensklave in das Schiff hinab.

War es nicht zu schwer, was er sich damit aufgeladen? Sein Stolz bäumte sich auf, als er in Ketten gelegt wurde. Schmach war ihm bis jetzt noch nicht angetan worden. Hier war zwischen Verbrechern sein

Platz. Dumpf hallten die Schläge durch den Raum, die unaufhörlich den Takt des Ruders angaben. Unentrinnbar bei Sturm und Kampf dem sicheren Tod preisgegeben, wusste er sich auf der Galeere. Sinnlos dünkte ihm, was er getan, und ein qualvolles Stöhnen entrang sich seiner Brust. In dieser gefährlichen Stunde, da sein Geist sich empören und sein Herz sich verhärten wollte, leuchtete der Stern, den er wohl nie mehr am Himmel würde sehen dürfen, in seiner Seele auf. Dieses innere Licht erfüllte ihn mit der ruhigen Gewissheit, dennoch auf dem rechten Weg zu sein. Getröstet erfasste er das Ruder.

Jahre vergingen. Er vergaß sie zu zählen. Grau war sein Haar geworden, seine Hände voller Schwielen, müde sein geschundener Leib. Doch sein Herz kannte keine Bitterkeit. Das innere Leuchten seines Sternes hatte dies Herz davor bewahrt. Aus seinem Antlitz strahlte liebendes Erbarmen.

Längst war man auf diesen seltsamen Sklaven aufmerksam geworden. Und was er nie zu hoffen geglaubt hatte, geschah: Man schenkte ihm die Freiheit. An der Küste eines fremden Landes verließ er das Schiff. Arme Fischer nahmen ihn für die Nacht auf.

In dieser Nacht träumte er von seinem Stern, dem zu folgen er als Jüngling ausgezogen war und Heimat und Reichtum verlassen hatte. Eine Stimme rief ihn: »Eile dich! Eile!« Da brach er noch zur selben Stunde auf. Und, o Wunder, als er in die Nacht hineinschritt, siehe, da leuchtete der Stern vor ihm, und sein Glanz war rot wie die Sonne am Abend.

So eilte er und kam an die Tore einer großen Stadt. In ihren Straßen war lärmendes Treiben. Aufgeregte Gruppen von Menschen standen zusammen, immer wieder von Soldaten zum Weitergehen auseinander gescheucht. Viele zogen hinaus vor die Mauern. Der Menschenstrom riss auch ihn mit – er wusste nicht wie. Dumpfe Angst beengte ihm die Brust. Einen Hügel schritt er hinan. Oben, zwischen Himmel und Erde, ragten drei Kreuze. Was war das? Sein Stern, der ihn zum König der Welt führen sollte, blieb über dem Kreuz in der Mitte stehen, leuchtete noch einmal auf – es war, als schrie der Stern – und war erloschen.

Da traf ihn der Blick dieses Menschen, der da am Kreuze hing. Alles Leid und alle Qual der Erde musste dieser Mensch in sich gesogen haben, so war dieser Blick. Aber auch alles Erbarmen und eine grenzenlose Liebe atmete aus seiner Gestalt, die noch in der Entstellung des Schmerzes schön und voll Würde war. Seine Handflächen, vom Schaft der Nägel durchbohrt, waren eingekrümmt. Es leuchteten Strahlen aus diesen Händen. Wie ein Blitz durchbebte den König die Erkenntnis: Dieser ist der König der Juden. Dieser ist Gott, der Heiland der Welt; den ich gesucht, nach dem ich mich in Sehnsucht verzehrt; der mir in allen Mühseligen und Beladenen begegnet ist; dem ich in allen Gequälten und Elenden all die Jahre schon gedient habe. Er sank unter dem Kreuz in die Knie, hob seine leeren Hände dem Herrn entgegen in bittendem Verlangen, in anbetender Huldigung. Da fielen drei Tropfen des kostbaren Blutes vom Kreuz in die Hände des Königs. Sie waren leuchtender denn jeder Edelstein.

Ein Schrei durchbebte die Luft – der Herr neigte sein Haupt und verschied. Unter dem Kreuz war der König tot zusammengebrochen. Seine Hände umschlossen die Blutstropfen. Sein Angesicht war noch im Tode dem Herrn zugewandt.

Parabel von der Stimme

HERMANN BROCH

ZU RABBI LEVI BAR CHEMJO, der vor mehr als zweihundert Jahren sehr hochberühmt im Osten lebte, kamen eines Tages die Schüler und fragten:

»Warum, Rabbi, hat der Herr, dessen Name geheiligt ist, die Stimme erhoben, als Er die Schöpfung begann? Hätte Er mit seiner Stimme das Licht, die Gewässer, die Gestirne und die Erde sowie die Wesen, die sich auf ihr befinden, anreden und zum Dasein aufrufen wollen, auf daß sie allesamt Ihn hören und Seinen Befehl befolgen, so hätten sie hiefür schon vorhanden sein müssen. Doch nichts davon war vorhanden; nichts davon konnte Ihn hören, denn Er hat es erst gemacht, nachdem Er die Stimme erhoben hatte. Und das ist unsere Frage.«

Da zog Rabbi Levi bar Chemjo die Braue hoch, und recht unwillig erwiderte er: »Des Herrn Sprache – geheiligt gleich Seinem Namen – ist Sein Schweigen, und Sein Schweigen ist Seine Sprache. Sein Sehen ist Blindheit, und Seine Blindheit ist Sehen. Sein Tun ist Nicht-Tun, und Sein Nicht-Tun ist Tun. Gehet nach Hause und denket nach.«

Betrübt, weil sie ihn offenbar erzürnt hatten, gingen sie davon, und in furchtsamem Zögern kamen sie tags darauf zurück: »Verzeih, Rabbi«, begann schüchtern der, den sie zur Rede ausgewählt hatten, »du sagtest uns gestern, daß für den Herrn, dessen Name geheiligt ist, Tun und Nicht-Tun das nämliche sei. Wie aber kommt es, daß Er selber Sein Tun und Nicht-Tun voneinander geschieden hat, da Er am siebenten Tage rastete? Und wie kann Er, der alles mit einem einzigen Hauch zu bewerkstelligen vermag, ruhebedürftig und müde werden? War das Schöpfungswerk Ihm so große Anstrengung, daß Er sich selber mit Seiner Stimme dazu hat aufrufen wollen?«

Die anderen nickten zu dieser Rede. Und da der Rabbi bemerkte, wie sie ihn dabei angstvoll beobachteten, ob er nicht wieder unmutig werden würde, legte er die Hand vor den Mund, damit sie das Lächeln hinter seinem Bart nicht bemerken mögen, und er sagte: »Laßt mich mit einer Gegenfrage antworten. Warum hat Er, der in Seinem geheiligten Namen sich verkündigt hat, die Engel um sich zu scharen geruht? Etwa zu Seiner Unterstützung, da Er doch keinerlei Unterstützung bedarf? Warum hat Er sich mit ihnen umgeben, da Er doch sich selber genügt? Nun gehet nach Hause und denket darüber nach.«

Sie gingen nach Hause, verwundert ob der Gegenfrage, die er ihnen gestellt hatte, und nachdem sie die halbe Nacht das Für und Wider erwogen hatten, kehrten sie des Morgens zu dem Lehrer zurück und meldeten ihm erfreut: »Wir glauben, daß wir deine Frage verstanden haben und sie beantworten können.«

»So laßt hören«, sagte Rabbi Levi bar Chemjo.

Da setzten sie sich vor ihm hin, und ihr Wortführer erläuterte, was sie in ihrem Sinn gefunden hatten: »Weil, oh Rabbi, deiner Ausdeutung gemäß dem Herrn, dessen Name geheiligt ist, Schweigen und Rede, wie überhaupt alles noch so Gegensätzliche, immer das nämliche bedeutet, so in jedem Schweigen von Ihm auch Seine Rede enthalten ist, doch Er beschlossen hat, daß eine Rede, die keiner hörte, sinnlos wäre, genauso sinnlos wie ein Tun, das sich in schöpfungsloser Leere bewegt, geruhte Er, im Zwecke der Erfüllung Seiner heiligen Eigenschaften, zu benötigen, daß die Engel Ihn lauschend umgeben. Demzufolge hat Er Seine Stimme an sie gerichtet, als Er die Schöpfung befahl, und sie, die dem gewaltigen Werke folgten, wurden darob so erschöpft, daß sie der Ruhe bedürftig wurden, da rastete Er mit ihnen am siebenten Tag.«

HERMANN BROCH

Groß war da ihr Schrecken, als nun Rabbi bar Chemjo in diesem Augenblick laut auflachte; er lachte, und klein wurden vor Lachen die Augen über seinem Bart: »So haltet Ihr den Herrn, dessen Namen geheiligt ist, für einen Possenreißer vor seinen Engeln? Für einen Jahrmarktzauberer, der mit dem Stäbchen klopft und seine Kunststücke ankündigt? Fast ist es mir, als hätte Er Narren wie euch geschaffen, um über sie lachen zu können, wie ich es jetzt tue, denn wahrlich, Sein Ernst ist Lachen, und Sein Lachen ist Sein Ernst.«

Sie schämten sich, waren aber trotzdem froh, den Rabbi so heiter zu sehen, und baten daher: »Hilf uns doch ein Stückchen weiter, Rabbi.«

»Ich will es tun«, entgegnete der Lehrer, »ich will es tun und wiederum hiezu mich einer Gegenfrage bedienen. Warum hat Gott, der Geheiligte, sieben Tage für Seine Schöpfung verwendet, da Er sie doch im Hui eines Augenblickes hätte vollbringen können?«

Sie gingen heim sich zu beratschlagen, und als sie am nächsten Tag vor den Rabbi traten, wußten sie, daß sie der Lösung nahe waren; ihr Wortführer aber sprach: »Du hast uns den Weg gewiesen, Rabbi, denn wir haben erkannt, daß die Welt, die der Herr – Sein Name ist geheiligt – geschaffen hat, in der Zeit besteht, und daß daher auch die Schöpfung, da sie ja bereits zum Geschaffenen gehörte, einen Anfang und ein Ende benötigte. Doch um des Anfangs willen mußte die Zeit schon vorher vorhanden gewesen sein, und für das Zeitenstück vor dem Schöpfungsanfang waren die Engel zur Stelle, auf daß sie mit ihren Flügeln die Zeit durcheilen und sie tragen. Ohne die Engel gäbe es nicht einmal Gottes Zeitlosigkeit, in der, Seinem heiligen Ratschluß gemäß, die Zeit eingebettet ist.«

Rabbi Levi bar Chemjo schien befriedigt und sagte: »Nun seid ihr auf dem richtigen Weg. Indes, eure erste Frage galt der Stimme, die der Herr in Seiner Heiligkeit zur Schöpfung erhoben hatte –, wie steht es nun damit?«

Da sagten die Schüler: »Es hat uns viel Mühe gekostet, bis zu dem

Punkt zu gelangen, den wir dir vorgetragen haben. Aber bis zu der letzten Frage, die unsere erste war, sind wir nicht gelangt. Da du uns wieder gütig gesinnt bist, hoffen wir, daß du uns die Antwort geben wirst.«

»Das will ich tun«, sagte der Rabbi, »und es wird kurz sein.«

Also hob er an: »In jedes Ding, das Er, dessen Name geheiligt ist, geschaffen hat oder noch schaffen wird, geht – wie denn auch nicht – ein Teil Seiner geheiligten Eigenschaften ein. Was aber wohl ist Schweigen und Stimme zugleich? Wahrlich, vor allen Dingen, die ich kenne, ist es die Zeit, der solche Doppeleigenschaft zukommt. Ja, die Zeit ist es, und obwohl sie uns einschließt und durch uns hindurchströmt, ist sie uns hierbei Stummheit und Schweigen, aber wenn wir alt werden und nach rückwärts zu lauschen lernen, hören wir ein leises Murmeln, und das ist die Zeit, welche wir verlassen haben. Und je weiter wir nach rückwärts lauschen, je mehr wir hiezu imstande werden, desto deutlicher hören wir die Stimme der Zeiten, das Schweigen der Zeit, die Er in seiner Herrlichkeit geschaffen hat um Seinetwillen, doch auch um ihretwillen, auf daß sie die Schöpfung an uns vollende. Und je mehr Zeit verflossen ist, desto mächtiger wird uns die Stimme der Zeiten; wir werden mit ihr wachsen, und am Ende der Zeiten werden wir ihren Anfang fassen und den Schöpfungsaufruf hören, denn dann werden wir das Schweigen des Herrn vernehmen in der Heiligung Seines Namens.«

Die Schüler schwiegen betroffen. Doch als der Rabbi nichts mehr hinzufügte, sondern still dasaß und die Augen geschlossen hielt, gingen sie leise hinaus.

Hermann Broch

Ganz nah ist dein Wort

Huub Oosterhuis

Ganz nah ist dein Wort,
Herr, unser Gott,
ganz nah deine Gnade.
Begegne uns denn
mit Macht und Erbarmen.
Lass nicht zu,
dass wir taub sind für dich,
sondern offen mach uns und empfänglich
für Jesus Christus, deinen Sohn,
der kommen wird,
damit er uns suche und rette
heute und täglich
bis in Ewigkeit.

»Der Geist des Friedens steht über aller Vernunft«

ERHARD EPPLER

KIRCHE HAT DURCH SCHWEIGEN MINDESTENS SO VIEL POLITIK gemacht und auch Schuld auf sich geladen wie durch Reden. Die Politisierung der Kirche kann sich genauso im Schweigen ausdrücken wie im Reden.

Dies gilt auch für die Sache des Friedens. Kürzlich sagte ein Religionspädagoge: »Der christliche Friede ist ein Begriff, der ganz und gar unabhängig ist von Gottes Handeln und ganz und gar unabhängig von unserem Handeln.« Und ein Theologe erwiderte: »Wie gottverlassen sind wir eigentlich, wenn der Friede Gottes nicht die Welt und uns meint?«

Ich füge hinzu: Wie gottverlassen politisiert muss eine Kirche sein, die schweigt, wenn ein Mann wie Carl Friedrich von Weizsäcker schon resignierend über die Zeit nach der Katastrophe nachdenkt? Sicher ist der Friede Gottes höher als alle Vernunft; aber dürfen wir ihn erwarten, ohne uns aufzubäumen gegen eine Vernichtungsmaschinerie, die sicher niedriger ist als alle Vernunft?

Es ist gut und richtig, wenn wir singend beten: »Verleih uns Frieden gnädiglich«. Aber dürfen wir dies tun, wenn wir uns gleichzeitig darin ergeben, dass der Dritte Weltkrieg immer wahrscheinlicher wird?

Sollen wir wirklich nur im Gebet unsere Angst auf Gott werfen, ohne auch um die Kraft zu bitten, das Unsere zum Frieden beizutragen? Christliche Hoffnung ist kein Ruhekissen, sie ist der Grund christlichen Tuns.

ERHARD EPPLER

Den Frieden, der höher ist als alle Vernunft, können wir nicht plötzlich in eine Welt hineinzwingen, in der mehr Sprengstoff als Lebensmittel gelagert sind. Aber wir können hier und heute nach vernünftigem Frieden trachten, einem Frieden, den eine von Angst und Hass befreite Vernunft anstreben kann ...

Es gibt noch etwas zwischen dem Frieden Gottes und dem vorläufigen Nichtkrieg, den ein brüchig werdendes Gleichgewicht des Schreckens uns verschafft. Es gibt einen Geist des Friedens, der reflektiert, widerspiegelt, was Christen verheißen ist ... Natürlich, dieser Geist des Friedens führt, so wie unsere Welt beschaffen ist, notwendig in Konflikte, aber gerade die Art, wie diese Konflikte ausgetragen und ausgehalten werden, muss diesen Geist bezeugen.

Und da möchte ich Mut machen. Es stimmt nicht, dass all euer Mühen nichts bewegen könnte. Es hat sich schon einiges bewegt. Was man heute Friedensbewegung nennt, hat binnen kurzer Zeit eine Diskussion über all das erzwungen, was bisher für selbstverständlich gehalten wurde:

Dass man eben rüsten müsse, um ein – wie auch immer definiertes – Gleichgewicht zu erhalten oder zu schaffen, dass mehr Waffen eben auch mehr Sicherheit bedeuten, dass der Rüstungswettlauf wie ein Naturgesetz hingenommen werden müsse. Das ist schon ziemlich viel. Die Beweislast verschiebt sich zu denen, die einfach weiterrüsten wollen.

Und es zeigt sich, dass die Verfechter landschaftlicher Rüstung keineswegs die intellektuelle Überlegenheit an den Tag legen, die manche von ihnen erwartet haben. Sie können gar nicht umhin, die tiefe Irrationalität ihres Konzeptes erkennbar werden zu lassen. Bei vielen hat ein Umdenken begonnen, das durch den Holzhammer der Rüstungspropaganda eher beschleunigt als blockiert wird. Noch nicht bei der Mehrheit, so schnell geht dies nicht in einem Volk mit den Traditionen des Deutschen. Aber auch eine Minderheit wirkt, zumal, wenn sie wächst.

Und so müsst ihr dafür sorgen, dass die Minderheit wächst, langsam, aber eben jeden Tag ein bisschen. Sie wächst, wenn Friedensbewegung ansteckend wirkt. Sie wächst, wenn wir nicht nur Frieden fordern, sondern ihn auch praktizieren, den Geist des Friedens wirken lassen ...

Wenn Frieden mit Leben, Fülle, Geist zu tun hat, muss Friedensbewegung daran zu erkennen sein, dass sie Fantasie hat, Humor, Witz, Einfälle, die nicht verletzen, sondern auflockern, aufwecken, entkrampfen. Frieden praktizieren, heißt Feindbilder abbauen, ohne neue aufzubauen. Wo jede Uniform der Bundeswehr oder die Rangabzeichen des Offiziers Hass wecken, ist keine Friedensbewegung ...

Wenn uns dies alles auch nur ansatzweise gelingt, wird Friedensbewegung ansteckend. Und dann wird sie zu einer Kraft, an der kein Politiker mehr vorbeigehen kann. Mehr Christen als heute werden dann das Ringen um Frieden als Nachfolge Jesu erkennen und leben.

Der Geist des Friedens, der höher ist als alle Vernunft, kann dann unsere Gesellschaft ein bisschen vernünftiger machen, vielleicht sogar durch Gottes Barmherzigkeit so vernünftig, dass sie überlebt.

Auszüge aus der Predigt von Erhard Eppler beim Evangelischen Kirchentag in Hamburg, 1981.

ERHARD EPPLER

Der Krieg findet nicht statt

Chinesisches Märchen

Als der Krieg zwischen den beiden benachbarten Völkern unvermeidlich war, schickten die feindlichen Feldherrn Späher aus, um zu erkunden, wo man am leichtesten in das Nachbarland einfallen könnte. Und die Kundschafter kehrten zurück und berichteten ungefähr mit den gleichen Worten ihren Vorgesetzten: Es gäbe nur eine Stelle an der Grenze, um in das andere Land einzubrechen.

»Dort aber«, sagten sie, »wohnt ein braver kleiner Bauer in einem kleinen Haus mit seiner anmutigen Frau. Sie haben einander lieb, und es heißt, sie seien die glücklichsten Menschen auf der Welt. Sie haben ein Kind. Wenn wir nun über das kleine Grundstück in Feindesland einmarschieren, dann würden wir das Glück zerstören. Also kann es keinen Krieg geben.«

Das sahen die Feldherrn denn auch wohl oder übel ein, und der Krieg unterblieb, wie jeder Mensch begreifen wird.

4

Heiligste Nacht

NEU WERDEN IN UNS

Weihnachten

Karl Rahner

Weihnachten?
Ach, das ist ein frommer Brauch:
ein Tannenbaum mit Lichtern
und ein paar nette Geschenke,
Spannung der Kinder
und ein wenig
Weihnachtsmusik.
Und wenn das Religiöse
zur Steigerung beigezogen wird,
dann ist es besonders schön und rührend.
Wir haben ja alle –
wer wird es uns verargen? –
insgeheim
ein wenig Mitleid mit uns selber
und gönnen uns darum gern ein wenig
Stimmung,
die friedlich und tröstlich ist,
so wie man einem verweinten Kind
über den Flachskopf streicht
und sagt:
Es ist nicht so schlimm,
es wird schon wieder alles gut!

Karl Rahner

Ist aber Weihnachtsfreude
und Weihnachtsfrieden
nur eine Stimmung,
in die man sich flüchtet, –
oder die Äußerung,
die heilige Begehung
eines wahrhaftigen Geschehens,
zu dem man
in großer Tapferkeit des Herzens
aufbricht, damit es auch an uns
und durch uns geschehe,
weil es auf jeden Fall
Wahrheit
und Wirklichkeit ist,
selbst wenn wir
es nicht wahrhaben wollen?

Wie der Fingerhut dazu kam, der liebe Gott zu sein

RAINER MARIA RILKE

ALS ICH VOM FENSTER FORTTRAT, waren die Abendwolken immer noch da. Sie schienen zu warten. Soll ich ihnen auch eine Geschichte erzählen? Ich schlug es ihnen vor. Aber sie hörten mich gar nicht. Um mich verständlich zu machen und die Entfernung zwischen uns zu beschränken, rief ich: »Ich bin auch eine Abendwolke.« Sie blieben stehen, offenbar betrachteten sie mich. Dann streckten sie mir ihre feinen, durchscheinenden rötlichen Flügel entgegen. Das ist die Art, wie Abendwolken sich begrüßen. Sie hatten mich erkannt.

»Wir sind über der Erde,« – erklärten sie – »genauer über Europa, und du?« Ich zögerte: »Es ist da ein Land –« »Wie sieht es aus?«, erkundigten sie sich. »Nun,« entgegnete ich – »Dämmerung mit Dingen –« »Das ist Europa auch«, lachte eine junge Wolke. »Möglich,« sagte ich, »aber ich habe immer gehört: die Dinge in Europa sind tot.« »Ja, allerdings«, bemerkte eine andere verächtlich. »Was wäre das für ein Unsinn: lebende Dinge?«

»Nun,« beharrte ich, »meine leben. Das ist also der Unterschied. Sie können verschiedenes werden, und ein Ding, welches als Bleistift oder als Ofen zur Welt kommt, muß deshalb noch nicht an seinem Fortkommen verzweifeln. Ein Bleistift kann mal ein Stock, wenn es gut geht, ein Mastbaum, ein Ofen aber mindestens ein Stadttor werden.«

»Du scheinst mir eine recht einfältige Abendwolke zu sein«, sagte die junge Wolke, welche sich schon früher so wenig zurückhaltend ausgedrückt hatte. Ein alter Wolkerich fürchtete, sie könnte mich beleidigt haben. »Es gibt ganz verschiedene Länder,« begütigte er, »ich war einmal über ein kleines deutsches Fürstentum geraten, und ich glaube bis heute nicht, daß das zu Europa gehörte.«

Ich dankte ihm und sagte: »Wir werden uns schwer einigen können, sehe ich. Erlauben Sie, ich werde Ihnen einfach das erzählen, was ich in der letzten Zeit unter mir erblickte, das wird wohl das beste sein.«

»Bitte«, gestattete der weise Wolkerich im Auftrage aller.

Ich begann: Menschen sind in einer Stube. Ich bin ziemlich hoch, müßt ihr wissen, und so kommt es: sie sehen für mich wie Kinder aus; deshalb will ich auch einfach sagen: Kinder. Also: Kinder sind in einer Stube. Zwei, fünf, sechs, sieben Kinder. Es würde zu lange dauern, sie um ihre Namen zu fragen. Übrigens scheinen die Kinder eifrig etwas zu besprechen; bei dieser Gelegenheit wird sich ja der eine oder der andere Name verraten. Sie stehen wohl schon eine ganze Weile so beisammen, denn der älteste (ich vernehme, daß er Hans gerufen wird) bemerkt gleichsam abschließend:

»Nein, so kann es entschieden nicht bleiben. Ich habe gehört, früher haben die Eltern den Kindern am Abend immer, oder wenigstens an braven Abenden – Geschichten erzählt bis zum Einschlafen. Kommt so etwas heute vor?« Eine kleine Pause, dann antwortet Hans selbst: »Es kommt nicht vor, nirgends. Ich für meinen Teil, auch weil ich schon groß bin gewissermaßen, schenke ihnen ja gern diese paar elenden Drachen, mit denen sie sich quälen würden, aber immerhin, es gehört sich, daß sie uns sagen, es gibt Nixen, Zwerge, Prinzen und Ungeheuer.«

»Ich habe eine Tante,« bemerkte eine Kleine, »die erzählt mir manchmal –.«

»Ach was,« schneidet Hans kurz ab, »Tanten gelten nicht, die lügen.«

Die ganze Gesellschaft war sehr eingeschüchtert angesichts dieser kühnen, aber unwiderlegten Behauptung. Hans fährt fort:

»Auch handelt es sich hier vor allem um die Eltern, weil diese gewissermaßen die Verpflichtung haben, uns in dieser Weise zu unterrichten; bei den anderen ist es mehr Güte. Verlangen kann man es nicht von ihnen. Aber gebt nur mal acht: was tun unsere Eltern? Sie gehen mit bösen gekränkten Gesichtern umher, nichts ist ihnen recht, sie schreien und schelten, aber dabei sind sie doch so gleichgültig, und wenn die Welt unterginge, sie würden es kaum bemerken. Sie haben etwas, was sie ›Ideale‹ nennen. Vielleicht ist das auch so eine Art kleine Kinder, die nicht allein bleiben dürfen und sehr viel Mühe machen; aber dann hätten sie eben uns nicht haben dürfen. Nun, ich denke so, Kinder: daß die Eltern uns vernachlässigen, ist traurig, gewiß. Aber wir würden das dennoch ertragen, wenn es nicht ein Beweis wäre dafür, daß die Großen überhaupt dumm werden, zurückgehen, wenn man so sagen darf. Wir können ihren Verfall nicht aufhalten; denn wir können den ganzen Tag keinen Einfluß auf sie ausüben, und kommen wir spät aus der Schule nach Haus, wird kein Mensch verlangen, daß wir uns hinsetzen und versuchen, sie für etwas Vernünftiges zu interessieren. Es tut einem auch recht weh, wenn man so unter der Lampe sitzt und sitzt, und die Mutter begreift nicht einmal den pythagoräischen Lehrsatz. Nun, es ist einmal nicht anders. So werden die Großen immer dümmer werden ... es schadet nichts: Was kann uns dabei verloren gehen? Die Bildung? Sie ziehen den Hut voreinander, und wenn eine Glatze dabei zum Vorschein kommt, so lachen sie. Überhaupt: sie lachen beständig. Wenn wir nicht dann und wann so vernünftig wären, zu weinen, es gäbe durchaus kein Gleichgewicht auch in diesen Angelegenheiten. Dabei sind sie von einem Hochmut: Sie behaupten sogar, der Kaiser sei ein Erwachsener. Ich habe in den Zeitungen gelesen, der König von Spanien sei ein Kind, so ist es mit allen Königen und Kaisern, – laßt euch nur nichts einreden! Aber neben allem Überflüssigen haben die Großen doch etwas, was uns durchaus nicht gleichgültig sein kann: den lieben Gott. Ich habe ihn zwar noch bei keinem von ihnen gesehen, – aber gerade das ist verdächtig. Es ist mir eingefallen, sie könnten ihn in ihrer Zerstreutheit, Geschäftigkeit und Hast irgendwo verloren haben. Nun ist er aber etwas durchaus Notwendiges. Verschiedenes kann ohne ihn nicht geschehen, die Sonne kann nicht aufgehen, keine Kinder können kommen, aber auch das Brot wird aufhören. Wenn es auch beim Bäcker herauskommt, der liebe Gott sitzt und dreht die großen Mühlen. Es lassen sich leicht viele Gründe finden, weshalb der liebe Gott etwas Unentbehrliches ist. Aber soviel steht fest, die Großen kümmern sich nicht um ihn, also müssen wir Kinder es tun. Hört, was ich mir ausgedacht habe. Wir sind genau sieben Kinder. Jedes muß den lieben Gott einen Tag tragen, dann ist er die ganze Woche bei uns, und man weiß immer, wo er sich gerade befindet.«

Hier entstand eine große Verlegenheit. Wie sollte das geschehen? Konnte man denn den lieben Gott in die Hand nehmen oder in die Tasche stecken? Dazu erzählte ein Kleiner: »Ich war allein im Zimmer. Eine kleine Lampe brannte nahe bei mir, und ich saß im Bett und sagte mein Abendgebet – sehr laut. Es rührte sich etwas in meinen gefalteten Händen. Es war weich und warm und wie ein kleines Vögelchen. Ich konnte die Hände nicht auftun, denn das Gebet war noch nicht aus. Aber ich war sehr neugierig und betete furchtbar schnell. Dann beim Amen machte ich so (der Kleine streckte die Hände aus und spreizte die Finger), aber es war nichts da.«

Das konnten sich alle vorstellen. Auch Hans wußte keinen Rat. Alle schauten ihn an. Und auf einmal sagte er: »Das ist ja dumm. Ein jedes Ding kann der liebe Gott sein. Man muß es ihm nur sagen.« Er wandte sich an den ihm nächststehenden, rothaarigen Knaben. »Ein Tier kann das nicht. Es läuft davon. Aber ein Ding, siehst du, es steht, du kommst in die Stube, bei Tag, bei Nacht: Es ist immer da, es kann wohl der liebe Gott sein.«

Allmählich überzeugten sich die anderen davon. »Aber wir brauchen einen kleinen Gegenstand, den man überall mittragen kann, sonst hat es ja keinen Sinn. Leert einmal alle eure Taschen aus.«

Da zeigten sich nun sehr seltsame Dinge: Papierschnitzel, Federmesser, Radiergummi, Federn, Bindfaden, kleine Steine, Schrauben, Pfeifen, Holzspänchen und vieles andere, was sich aus der Ferne gar nicht erkennen läßt, oder wofür der Name mir fehlt. Und alle diese Dinge lagen in den seichten Händen der Kinder, wie erschrocken über die plötzliche Möglichkeit, der liebe Gott zu werden, und welches von ihnen ein bißchen glänzen konnte, glänzte, um dem Hans zu gefallen. Lange schwankte die Wahl. Endlich fand sich bei der kleinen Resi ein Fingerhut, den sie ihrer Mutter einmal weggenommen hatte. Er war licht, wie aus Silber, und um seiner Schönheit willen wurde er der liebe Gott. Hans selbst steckte ihn ein, denn er begann die Reihe, und alle Kinder gingen den ganzen Tag hinter ihm her und waren stolz auf ihn. Nur schwer einigte man sich, wer ihn morgen haben sollte, und Hans stellte in seiner Umsicht dann das Programm gleich für die ganze Woche fest, damit kein Streit ausbräche.

Diese Einrichtung erwies sich im ganzen als überaus zweckmäßig. Wer den lieben Gott gerade hatte, konnte man auf den ersten Blick erkennen. Denn der Betreffende ging etwas steifer und feierlicher und machte ein Gesicht wie am Sonntag. Die ersten drei Tage sprachen die Kinder von nichts anderem. Jeden Augenblick verlangte eines den lieben Gott zu sehen, und wenn sich der Fingerhut unter dem Einfluß seiner großen Würde auch gar nicht verändert hatte, das Fingerhutliche an ihm erschien jetzt nur als ein bescheidenes Kleid um seine wirkliche Gestalt. Alles ging nach der Ordnung vor sich. Am Mittwoch hatte ihn Paul, am Donnerstag die kleine Anna. Der Samstag kam. Die Kinder spielten Fangen und tollten atemlos durcheinander, als Hans plötzlich rief. »Wer hat denn den lieben Gott?« Alle standen. Jedes sah das andere an. Keines erinnerte sich, ihn seit zwei Tagen gesehen zu haben. Hans zählte ab, wer an der Reihe sei; es kam heraus: die kleine Marie. Und nun verlangte man ohne weiteres von der kleinen Marie den lieben Gott. Was war da zu tun? Die Kleine kratzte in ihren Taschen herum. Jetzt fiel ihr erst ein, daß sie ihn am Morgen erhalten hatte; aber jetzt war er fort, wahrscheinlich hatte sie ihn hier beim Spielen verloren.

Und als alle Kinder nach Hause gingen, blieb die Kleine auf der Wiese zurück und suchte. Das Gras war ziemlich hoch. Zweimal kamen Leute vorüber und fragten, ob sie etwas verloren hätte. Jedes Mal antwortete das Kind: »Einen Fingerhut« – und suchte. Die Leute taten eine Weile mit, wurden aber bald des Bückens müde, und einer riet im Fortgehen: »Geh lieber nach Haus, man kann ja einen neuen kaufen.« Dennoch suchte Mariechen weiter. Die Wiese wurde immer fremder in der Dämmerung, und das Gras begann naß zu werden. Da kam wieder ein Mann. Er beugte sich über das Kind: »Was suchst du?« Jetzt antwortete Mariechen, nicht weit vom Weinen, aber tapfer und trotzig: »Den lieben Gott.«

Der Fremde lächelte, nahm sie einfach bei der Hand, und sie ließ sich führen, als ob jetzt alles gut wäre. Unterwegs sagte der fremde Mann: »Und sieh mal, was ich heute für einen schönen Fingerhut gefunden habe. –«

Die Abendwolken waren schon längst ungeduldig. Jetzt wandte sich der weise Wolkerich, welcher indessen dick geworden war, zu mir: »Verzeihen Sie, dürfte ich nicht den Namen des Landes – über welchem Sie –« Aber die anderen Wolken liefen lachend in den Himmel hinein und zogen den Alten mit.

Hingabe

ANDREA SCHWARZ

Meistens wird Gott
ganz leise Mensch

die Engel singen nicht
die Könige gehen vorbei
die Hirten bleiben
bei ihren Herden

meistens wird Gott
ganz leise Mensch

von der Öffentlichkeit
unbemerkt
von den Menschen
nicht zur Kenntnis genommen

in einer kleinen Zweizimmerwohnung
in einem Asylantenwohnheim
in einem Krankenzimmer
in nächtlicher Verzweiflung
in der Stunde der Einsamkeit
in der Freude am Geliebten

meistens wird Gott
ganz leise Mensch
wenn Menschen
zu Menschen werden

ANDREA SCHWARZ

Die Engel sind die Falken Gottes

GENO HARTLAUB

ES GIBT TAGE, AN DENEN SPRICHT ER KEIN EINZIGES WORT. Er schließt sich in die Werkstatt ein und lässt die Nachbarn vergeblich anklopfen. Von früh bis spät poltert er im Hause herum, die Säge kreischt, der Hobel knirscht, die Schläge der Axt dröhnen bis auf den Hof hinaus. Nachts hört man seine Schritte, er geht auf und ab, hin und zurück in den knarrenden Stiefeln, die ihm ein Legionär zum Lohn für eine Tischlerarbeit gegeben hat. »Nehmt euch in acht vor ihm«, sagen die Nachbarn. Er schwingt Hammer und Beil, als wolle er der ganzen Welt den Schädel einschlagen. Man kennt solche Fälle: Über Nacht werden die Sanftmütigen toll, die Redenden stumm, die Sehenden blind, die Jungen bekommen weißes Haar. Er war immer wunderlich, ein Eigenbrötler, ein Träumer am helllichten Tag.

Träumt am Tag, das ist wahr, in der Nacht liegt er wach, in der Finsternis sieht er das Licht. Wenn die Sonne aufgeht, wird es dunkel vor seinen Augen. Verkehrte Welt: Nachts schleudern sie Feuer vom Himmel, am Morgen blinzeln die Sterne. Schon wieder klopft es an der Tür. Er wird nicht öffnen. Er, den ihr Joseph von Nazareth nennt, hat euch nie gesehen, eure Stimmen und Gesichter sind ihm fremd. Habe mich eingeriegelt, Bretter vor die Fenster genagelt. Will im Gefängnis sein, im Kerker, bei Wasser und Brot. Das Flämmchen, das im Öl der Lampe schwimmt, gibt genug Licht her für einen wie mich, der den ganzen Tag über in der Ecke hockt und auf seine Hände starrt, statt etwas zu tun.

Mein letzter Auftrag war ein Sarg für ein Kind. Vor einem Jahr hab' ich für das gleiche die Wiege gemacht.

Wiege und Sarg, so geht es fort und fort, man lebt dafür, anderen das erste und letzte Haus zu richten, in dem sie ruhen. Im vergangenen Jahr sind viele Kinder gestorben. Sie kamen tot aus dem Mutterleib, die Seuche, die sie dahingerafft, hat keinen Namen. Noch mehr werden sterben. Der Kindertod geht um, er sammelt Säuglinge ein, er liebt ihr rosiges, zartes, noch faltiges Fleisch. Er geht um, klopft an die Türen, knarrt die Holzstiegen hinauf und hinunter, blickt den Müttern zu tief in die Augen. Ein Jüngling ist es, weiß wie ein Marmordenkmal, er trägt einen Kranz im Haar und eine Fackel in der Hand, er gleicht den Göttern, die auf den Altären der Römer stehen.

Besser ist es, man bleibt allein und bereitet sich in der Einsamkeit vor für das Sterben. Der Tod geht um! Nimm dich in acht, du, die draußen am Tor klopft und mich mit ängstlicher Stimme ruft. Auch dein Sohn, den du gebären wirst, könnte unter den Ermordeten sein. Es gibt Augenblicke, in denen dreht sich die Zeit nach mir um; sie läuft in der falschen Richtung, hetzt atemlos auf mich zu. Die Zukunft zeigt mir ihr entstelltes Gesicht, sie ist ein Ungeheuer, sie frisst ihre Kinder. Hockt auf der Schwelle zum Tor der Ewigkeit, verdaut und käut wieder, was sie verschlungen hat. Wie lange soll es noch weitergehen, das Verschlingen und Ausspielen, das Licht und die Finsternis? Leben und Tod, immer im Kreis herum, im Ringelreihen. Gebt euch die Hand, singt das gleiche Lied wie die Kinder, die draußen im Hof spielen. Die Welt will sterben, haltet die Uhren an, schüttet den Sand aus den Stundengläsern!

Jung und töricht bist du, Maria! Sag' mir, von wem ist das Kind? Wem gilt das Lächeln, das nicht mehr von deinen Lippen weicht, für wen glüht der Funke in deinen Augen? Klopfe nur, rufe nur, bettle vor meiner Tür. Ich werde das Licht in deinen Augen ausblasen, ich zertrete mit meinen Füßen die Glut, das Bild des Unbekannten wird verlöschen in deinem Herzen. Ein Engel hat's dir gesagt, da muss ich lachen! Wie sah er aus, verrate es mir, Mädchen! Denkst du an ihn, wenn der Funke in deinen Augen aufglimmt, siehst du ihn vor dir, wenn du ohne Grund wie eine Schwachsinnige vor dich hinlächelst? Solange ich lebe, habe ich keinen Engel gesehen. Vielleicht besuchen sie lieber die Weiber, sie sind wie wir geschaffen, die Söhne des Lichtes. Wie lange willst du noch lügen? Wenn ich dich frage, wirst du rot wie ein Kind, senkst die Lider, kannst mir nicht in die Augen blicken. Erzähle es keinem außer mir, Maria, man wird dir nicht glauben, man zerrt dich vor ein Gericht, man wird dich in den Kerker einsperren oder ins Narrenhaus. Die Engel besuchen uns Menschen nicht mehr. Sie müssen schlafen bis zum Jüngsten Gericht. Da haben sie viel zu tun, flattern im Sturm hin und her mit schweren Flügelschlägen, blasen Posaune, bis ihnen der Atem ausgeht, die Toten haben Dreck in den Ohren.

Mit unseren Vätern standen sie auf du und du, in ihren Häusern gingen sie aus und ein, fast täglich sprach einer zu ihnen. Zu Abraham kamen drei Männer wie Nachbarn vom Feld, er lud sie ein, an seinem Tisch Platz zu nehmen. Den jungen Tobias führte ein Fremder aus dem Elternhaus, ein fröhlicher Reisekamerad, ein guter Jäger und Fallensteller, der den Wunderfisch aus dem See hervorzog. Mit Jakob rang ein muskelstarker Flügelmann bis zum Morgenrot, er verrenkte ihm die Hüfte, um seine Macht zu beweisen. Engel über Engel: Myriaden von ihnen flogen wie Leuchtstaub in der Luft herum, kreisten wie Adler über ihrer Beute. Drei Engel für Abraham, eine ganze Leiter voll Himmelssöhne für Jakob, ein geflügelter Bote für Maria, die Ungetreue, für mich, Joseph, die Finsternis, die Kälte und Einsamkeit.

Es war wieder Nacht geworden. Er legte sich auf den Boden nieder, sein Mund war ausgetrocknet vom Staub. Er wälzte sich auf die Seite, er zog Beine und Arme an wie ein Kind, das Schutz sucht und einschlafen will. Ihm war kalt, er kroch unter das Schafsfell, verbarg sein Gesicht. Plötzlich spürte er die Gefahr: Hoch über ihm, in der klaren Abendluft, kreiste lautlos ein Vogel, ohne Flügelschlag. Sein scharfes

Auge hatte ihn wie eine Maus zwischen den Ackerschollen entdeckt, er hielt inne im Flug. Gleich würde er niederstoßen und die Fänge ins Fleisch seines Opfers bohren. Die Engel sind Gottes Falken. Er hat sie abgerichtet zur Jagd. Sie steigen auf von seiner Hand, um ihre Opfer zu schlagen, und kehren gehorsam zu ihm zurück. Steil ist der Sturz der Himmelssöhne, die fallen kopfüber zur Erde nieder, als habe das Geschoss des Jägers sie tödlich getroffen.

Ich flehe dich an, Herr, gib ihm keine Gestalt, lass' ihn nicht mit mir ringen, ich ertrage seine Berührung nicht, schon der Ton seiner Stimme könnte mich töten! Vater Abraham hat Märchen erzählt, seine Kinder haben sie wiederholt bis auf den heutigen Tag. Ich, Joseph von Nazareth, werde die Wahrheit bezeugen. Der Engel des Herrn hat keine Gestalt, er ist nicht geschaffen nach des Menschen Bilde. Wir begegnen ihm nicht wie einem Nachbarn auf dem Felde, er sitzt nicht auf der Schwelle unseres Hauses wie ein Fremder, der an unserer Mahlzeit teilnehmen will. Wir hören auch nicht seine Stimme aus den Wolken, seine Augen leuchten nicht, er hat keine Flügel. Die Fallen unserer Ohren und Augen fangen ihn nicht, unsere Sinne wittern nicht seine Nähe. Was soll ich denen sagen, die mich nach der Wahrheit fragen? Wie kann ich sprechen, ohne zu lügen? Mir ist ein Engel erschienen, aber ich sah ihn nicht, zu mir hat ein Engel gesprochen, aber ich hörte ihn nicht. Maria, du sahst ihn nach deinem Bilde, mit Locken, in einem Weibergewand, mit einem Kranz im Haar, einer Blume in der Hand. Sein Anblick war lieblich, du konntest nicht glauben, dass es einer der Cherubime mit Schwert und Rüstung war, der die Eltern der Menschheit aus dem Paradiese vertrieb. Lass' dir sagen, Mädchen, er ist kein Zauberer, kein Verwandlungskünstler, der in verschiedenen Masken und Rollen auftritt und um die Gunst des Publikums buhlt, weil sein Herr es befiehlt. Du wirst ihn vergessen, sein Glanz wird verlöschen, seine Züge werden sich mit den meinen vermischen, die du täglich siehst.

Ich habe kein schönes Gesicht, ich gefalle den Mädchen nicht, mich nimmt man, wenn sich kein anderer findet, zum Ersatz für den vergeblich ersehnten Geliebten, als Stellvertreter des Bräutigams, der niemals die Schwelle betritt. Auf dieser Erde lebt niemand von Träumen, ihr braucht einen Kindsvater, einen Hausvater, Mädchen, eine Axt im Haus, einen Tischler, der in der Werkstatt die Möbel macht, Wiege und Sarg, Tisch, Bettstatt und Stuhl, und was der Mensch sonst nötig hat, um sich auf der Erde einzurichten!

In unserem Dachstuhl ist ein Balken faul, bessere ihn aus, Zimmermann, mach' den Zaun heil, Joseph, heute Nacht ist der Wolf in den Pferch eingebrochen! Bin schon da, melde mich zur Stelle, hämmere Nägel ins Holz, schlage schnell ein paar Bretter zusammen, richte den Futtertrog im Stall, die Krippe für das Vieh. Einer ist so gut wie der andere, die Mädchen kommen spät dahinter, aber doch nicht zu spät. Sie brauchen einen, der das Reittier am Zügel führt, der die Kinder in den Schlaf wiegt und das Süpplein kocht, wenn sie in den Wochen liegen. Dein Engel, Maria, kehrt nicht zurück, du wirst seine Stimme nicht mehr hören.

Vielleicht waren die Augen und Ohren der Alten anders gemacht als die unsrigen, vielleicht haben sie mehr gesehen als wir. Kein Wort mehr von den Flügeln, Maria, von den nackten Füßen, von der zum Gruß erhobenen Hand! Kein Licht, das trunken macht, kein Sturm, kein Brausen entfesselter Elemente, sondern das Gegenteil: noch einmal die Stille des ersten Schöpfungstages und der Geist, der über den Wassern schwebt. Kein Auge ist da, um ihn zu erblicken und sich ein falsches Bildnis und Gleichnis von ihm zu machen, der ohne Gestalt ist und nicht im Wolkenschiff über den Himmel fährt wie die pausbäckigen, bärtigen, wohlgenährten Götter der Alten, Windstille, aber es ist niemand da, der wartet auf den Aufbruch des Sturms, Zeitstille, aber es ist niemand da, der wartet auf das Rinnen des Sandes im Stundenglas, auf das Altern und auf den Tod.

Der Geist kommt aus der Fülle, er zeugt, nichts, was er berührt hat, kann unfruchtbar bleiben. Er zeugt Leben, nicht nur im Schoß der

Weiber. Auch mich, der ich auf dem Boden meiner Werkstatt hingestreckt lag, zwischen Wiege und Sarg, hat er auferweckt von den Toten. Das gleiche Leben hat er in mir und in dir gezeugt, Maria, es gibt keine Lüge und keinen Verdacht zwischen dir und mir. Wir werden ihn unseren Sohn nennen und wissen, dass er nicht uns, sondern einem anderen gehört. Wir werden mit ihm vor dem Kindertod fliehen, wir werden ihn großziehen und wissen, dass er uns bald verlässt. Wir werden allein bleiben und uns lieben als Mann und Weib, wir werden uns treu sein. Ein Abglanz von seinem Licht wird die Werkstatt erhellen, in der wir uns zwischen Wiege und Sarg für das Leben einrichten.

Als Joseph am Morgen drauf die Tür seines Hauses aufschloss, waren seine Augen starr und blicklos wie bei einem Blinden. Er erkannte seine Nachbarn nicht mehr. »Er hat wieder geträumt«, sagten sie, »er hat ein Gesicht gehabt.« Da bewegten sich seine Augen, und er sah, was um ihn war: die alte Mauer mit den Flecken und Rissen, das Gitter des Verschlages, die Falten und Runzeln in den Gesichtern der Nachbarn. »Ich hab nicht geträumt«, sagte er mit einer Stimme, die rau und heiser vom langen Schweigen klang, »von heute an werde ich nie mehr träumen.«

Geno Hartlaub

Josef – der Mann am Rande

ALFRED DELP

JOSEF IST DER MANN AM RANDE, IM SCHATTEN. Der Mann der schweigenden Hilfestellung und Hilfeleistung. Der Mann, in dessen Leben Gott dauernd eingreift mit neuen Weisungen und Sendungen. Die eigenen Pläne werden stillschweigend überholt. Immer neue Weisung und neue Sendung, neuer Aufbruch und neue Ausfahrt. Er ist der Mann, der sich eine bergende Häuslichkeit im stillen Glanze des angebeteten Herrgotts bereiten wollte und der geschickt wurde in die Ungeborgenheit des Zweifels, des belasteten Gemütes, des gequälten Gewissens, der zugigen und windoffenen Straßen, des unhäuslichen Stalles, des unwirtlichen fremden Landes. Und er ist der Mann, der ging. Das ist sein Gesetz: die dienstwillige Folgsamkeit; der Mann, der dient. Dass ein Wort Gottes bindet und sendet, war ihm selbstverständlich, weil er ein Mann war, der bereitet, zugerüstet war zu Anrufen Gottes und der bereit war. Die dienstwillige Bereitschaft, das ist sein Geheimnis.

Und das ist zugleich seine Botschaft an uns und sein Gericht über uns. Ach, wie waren wir stolz und selbstsicher und anmaßend. Wie haben wir den Herrgott in die Grenzen und Schranken unserer Nützlichkeit, unserer Eigenart, unseres Empfindens, unserer Selbstverwirklichung usw. eingesperrt und eingeengt. Gott wurde wie alles Höhere und Geistige und Heilige nur insoweit anerkannt, als er uns bestätigte und uns in unserem Eigensinn und Eigenwillen förderte.

Das alte Paulusgebet: »Herr, was willst du, dass ich tun soll?«, die schweigende dienstwillige Bereitschaft des Mannes Josef, wird uns wahrer und so wirklicher und freier machen.

Der Herbergswirt

PIERO BARGELLINI

ICH WILL VERSUCHEN, OB ICH MICH NOCH zurückerinnern kann. Man kann sich ja wirklich nicht alle Gäste merken. Und noch dazu in jenen Tagen, in denen alles drunter und drüber ging.

Meine Herberge stand an den Toren von Bethlehem, an der Straße, die von Nazareth herüberführt.

Ich kann ohne Übertreibung sagen, dass es die erste Herberge der Stadt war. Sie war wie ein großer quadratischer Hof angelegt und von Säulengängen umgeben.

Die Reisenden traten in diesen Hof ein und suchten sich ihren Platz unter dem Säulengang. Ihr Pferd oder ihren Esel banden sie an einem Eisenring fest.

Ich rief indessen nach den Knechten, die ein ordentliches Bündel duftendes Heu für die Tiere und einen Bund gut trockenes Stroh für die Menschen herbeibrachten. Erstklassiges, goldgelbes, noch nie benutztes Stroh! Mitten im Hof stand der Ziehbrunnen. Die Diener schöpften daraus das Wasser, damit die Reisenden sich die Füße waschen konnten. Bei Nacht, vor allem im Winter, fehlte es im Hof nie an einem schönen Feuer. Konnte man es wohl noch bequemer haben? Ein Teil des Säulenganges, der durch Wände und Vorhänge abgeschlossen war, bildete einige »Einzelzimmer«. Aber die waren nur für besondere Gäste!

Bei den Mahlzeiten verzehrten die Reisenden ihre Vorräte, unter dem Säulendach im Kreise auf dem Stroh herumsitzend.

Ich lieferte guten Wein und vortreffliches Brot. Bethlehem wurde »das Haus des Brotes« genannt. Rings um das Städtchen breiteten sich Gerstenfelder, soweit das Auge reichte, und in meinem Backofen wurden ausgezeichnete Laibchen gebacken, Gerstenbrot von bester Beschaffenheit!

Ja, jetzt erinnere ich mich, aber wie gesagt, es ist nicht leicht, sich alle Gäste zu merken. Und obendrein die Gäste jener Tage! Diese Unruhe! Dieses Hin und Her! Augustus, der große römische Kaiser, hatte ein Edikt über die Volkszählung erlassen. Er wollte wissen, wie viele Bürger sein riesengroßes Reich bevölkerten. Auch Palästina stand unter seiner Herrschaft.

Wir Juden hatten einen eigenen König, das ist schon richtig. Er hieß Herodes und hielt in Jerusalem, der Hauptstadt des Reiches, seinen Hof. Aber über ihm war der römische Kaiser, der mehr zu sagen hatte als er. Man musste gehorchen. Darum kehrten alle an ihren Heimatort zurück, um sich in die Liste ihres Stammes eintragen zu lassen.

Wie gesagt, das waren Tage, die einen großen Zulauf, viel Durcheinander und, das muss ich freilich auch zugeben, viel Gewinn brachten. Der Hof war voll von Tieren und Menschen. Die Knechte konnten kaum alle bedienen. Schon waren wir bei den letzten Gabeln Heu, und was das Stroh anlangt, so muss ich zu meiner Schande gestehen, dass ich oft gezwungen war, das bereits gebrauchte wieder auszugeben. Das gehört sich nicht, ich weiß es, aber was hätte ich sonst tun sollen?

An einem Abend war es, als die Nacht schon hereinbrach. Die Knechte sagten, dass an der Türe zwei neue Gäste stünden. Ich schaute schnell herum. Unter dem Säulendach traten die Leute einander auf die Füße. Ich fragte die Knechte: »Was für Leute sind es? Personen von Stand?«

Sie schüttelten die Köpfe. »Arme«, erwiderten sie, »ein Arbeiter und eine Frau auf einem Esel.«

»Wenn sie sich in eine Ecke legen wollen«, sagte ich und deutete auf die von Menschen wimmelnden Säulengänge. »Sie möchten eine eigene Kammer«, erhielt ich zur Antwort.

»Dann schickt sie mit Gott weiter. Eine schöne Zumutung, eine eigene Kammer zu solchen Zeiten und für arme Leute!«

»Die Frau ist müde und krank«, sagte ein alter Knecht.

»Da kann ich nicht helfen. Ich bin auch müde. Ich kann nicht mehr. Wenn es gute Gäste gewesen wären! Aber bei manchen Leuten büßt man oft noch das Stroh ein.«

Die Knechte waren unsicher. Da trat ich vor die Tür.

»Es tut mir leid«, sagte ich so freundlich als möglich. »Es tut mir leid, aber es ist kein Platz. Mit dieser verwünschten Volkszählung! Seid Ihr auch wegen diesem Edikt da?«

»Ja«, antwortete mir der Mann, der wie ein richtiger Arbeiter aussah. »Aus was für einer Familie seid Ihr?«

»Aus der Familie Davids.«

Ich schaute ihn überrascht an. Die Familie des alten Propheten war eine königliche Familie. »Und habt Ihr keine Verwandten in der Stadt?«

Der Mann schlug die Augen nieder. Ich blickte auf die Frau, die in sich versunken auf dem Esel saß. Was für ein bleiches, schönes Gesicht! Unter der Decke, die über ihre Schultern fiel, schien in der Dämmerung ein Licht von ihr auszugehen.

»Es tut mir leid«, sagte ich noch einmal, »aber es ist kein Platz. Nicht einmal im Hof; und an eine eigene Kammer ist gar nicht zu denken.«

»Meine Frau hier ist krank«, sagte der Mann bescheiden. Ich schaute sie noch einmal an. Sie senkte die Wimpern.

»Hört«, sagte ich zu ihnen, »wenn ihr allein bleiben und eine Nacht unter Dach verbringen wollt, so gebe ich euch einen Rat. Am Seitenhang des Hügels sind ein paar Grotten, die als Ställe gebraucht werden. In Ermangelung von etwas Besserem können sie als Schlafkammern gelten. Nichts für ungut! So könnt ihr auch das bisschen Geld noch sparen.«

Die beiden sagten kein Wort. Der Mann zog den Esel am Halfter, der sich hinkend in Bewegung setzte. Der Lichtschein, der von dem leidenden Frauengesicht ausging, verschwand im Dunkel.

Ich blieb an der Türe stehen und lauschte auf das müde Getrappel des Esels, das immer ferner klang. Eine große Traurigkeit überfiel mich. Ich hätte sie am liebsten zurückgerufen. Aber wie hätte ich sie denn beherbergen sollen? Ich versichere euch, dass unter dem Säulendach kein Platz mehr war, und an eine eigene Kammer war doch nicht zu denken.

Bei alledem war ich traurig. Ich ging wieder hinein. Es lag mir wie ein Stein auf dem Herzen.

Weihnachtslied

ERICH FRIED

Eine Streu von Stroh
Eine Wand von Wind
Eine Woge als Wiege
Ein Kind

Ein Schwamm voll Essig
Eine Kammer voll Gas
Eine Waage am Wege
Eine Grube im Gras

Eine Gasse voll Dirnen
Eine Gosse voll Wut
Eine Stirne voll Dornen
Eine Mutter voll Blut

Eine Streu von Stroh
Eine Wand von Wind
Eine Woge als Wiege
Ein Kind

Wenn das man gutgeht

Rudolf Otto Wiemer

Gott behüte, die Nacht ist bald um, und vielleicht hätte ich doch noch Platz für die beiden gehabt, aber ich dachte: Wo soll dann der Großvater hin, der Obadja, der liegt in der Ecke und spuckt, und er hat auch keine sauberen Füße? Das ist nichts für schwangere Mädchen, auch wenn ich mit ihr verwandt bin, wie sie behauptet, aus Davids Haus und Geschlecht. Gewiss, der Alte, wenn er getrunken hat, sagt: »Erinnere dich, Josefa, was unserem Stamm geweissagt wurde vorzeiten.« Schon möglich, doch wer weiß das genau, und wer bildet sich darauf was ein? Heruntergekommen sind wir, die Hütte ist nichts mehr wert, der Acker verlottert. Und diese – wie heißt sie doch, vergesslich wird man, weiß Gott, die Ohren wie zugestopft, die Augen wie blind – wer kennt sie?

Die Umstände freilich, die gesegneten, wie man so sagt, die sieht man sofort. Bin nicht umsonst Hebamme gewesen, an dreißig Jahre, jawohl, todelend war sie, das Mädchen, konnte sich kaum auf den Beinen halten, diese Maria – jetzt fällt der Name mir ein, Maria aus Nazaret, Gott behüte.

Und was der Alte neben ihr ist, ihr Verlobter, sagt sie, muss man sich fragen: Wie kommt sie zu so einem Graubart? Man braucht sich doch nicht zu verkaufen aus Davids Geschlecht. Man sieht sich doch vor, man hat einen Mund, der Nein sagen könnte, egal, wer da kommt, und war es ein Herr, meinetwegen der liebe Gott selber – worauf, so dachte ich, hast du, Mädchen, dich eingelassen? Hast du gewusst, was du tust? Denn ausbaden zuletzt musst du es, Maria, das weißt du. Da hilft kein Augenaufschlag und kein Seufzen, der Fußmarsch nach Betlehem muss erst mal sein, weil der Kaiser in Rom es befiehlt, ganz einfach. Was fragt der Kaiser nach schwangeren Weibern, der hat, mit Verlaub, nur die Steuern im Kopf.

Obadja, sobald er den Namen »Augustus« hört oder »Kyrenius«, was unser Statthalter ist, spuckt jedes Mal aus und knurrt: »Da siehst du, Josefa, wie die Sanftmut regiert, wie der Friede gemacht wird, wie die Wölfe brüderlich bei den Schafen liegen.«

»Obadja«, sage ich, »sind wir denn besser? Warum«, so sag ich, »haben wir sie nicht aufgenommen? Hat doch dreimal geklopft, das Mädchen, hat gezittert vor Kälte, hat gesagt: ›Wenn es Euch angenehm ist, Großmutter Josefa‹ – na, und war es uns angenehm, Alter?«

Freilich, es geht seit Wochen schon so mit dem Fragen und Klopfen, überall fremdes Gesindel, das liegt herum und nistet sich ein, wird noch kahl fressen den Ort wie die Heuschrecken Pharaos Kornfeld. Gottchen, verzeih mir, denn jeder ist sich selber der Nächste. Gelebt hab ich lange genug, das zu erfahren, und wie der Mensch gemacht ist seit Adams Fall.

Immerhin, kaum waren sie wieder ins Wetter hinaus, da tat es mir leid, bin vielleicht auch nur neugierig gewesen. Umsonst hört man das Gerede ja nicht von Davids Geschlecht und dass ein Retter, ein König, soll kommen aus dieser Ecke der Welt.

O ja, gebrauchen könnten wir ihn, den Retter, könnten brauchen ihn jeden Tag neu. Obadja, der alte Kerl, ist schon ziemlich klapprig geworden, flucht auch mitunter und sagt: »Gerechtigkeit gibt's nicht, hörst du, Josefa? Wie hätten wir sonst bei schwieligen Händen nichts als den halben Acker, dagegen Jefta, der Großherr, der abends sich Harfe vorklimpern lässt, der nichts fragt nach dem Gesetz und dessen Hände trotzdem gesalbt sind, hat an Kebsweibern fünf und zweihundert Acker Land obendrein – ist das gerecht? Ist das in Ordnung?«

Ich denke: Nee, Gott behüte, gerecht ist das nicht. Auch nicht, dass unser Amos, der Erstgeborene, als das Wetter von Tiberias aufzog, beim Fischen ertrank. Nicht, dass Jehuda, der zweite, erstochen wurde im fernen Damaskus. Dass Hannah, die Tochter, im Kindbett starb. Und David, der letzte, der kleine, rotblonde David, auf der Straße beim Spielen – Gottchen verzeih mir, dass ich dich jetzt, nach dreißig Jahren, noch danach frage – musste das sein, Gott, mussten die heidnischen Gäule, die man zur Tränke geführt, scheu werden vor nichts, vor einer Zikade vielleicht, die ihnen ins Auge flog, damit du – oder wer war es? – den kleinen unschuldigen David, der dort mit Steinchen spielte, konntest zertrampeln lassen, das letzte der Kinder, und unsereins lebt noch?

Ist denn die Unschuld, Gott, zum Leiden bestimmt, zum Lückenbüßer? Und was, so frag ich, wenn du mit Davids Stamm so unachtsam umgehst, soll wohl werden aus dem, der nicht mal in einem menschlichen Haus, nicht mal auf dem Pfühl, nein, der im Viehstall bei Ratten und Mäusen, verzeih mir, zur Welt kam ohne richtigen Vater?

Ja doch, ich habe es liegen geseh'n, das Kind, auf dem Holz, wo sonst, auf nacktem Holz in der Futterkrippe. Zu meiner Schande sah ich's, neugierig bin ich gewesen, nahm vom Haken ein Tuch, lief umher in den Gasthöfen, fragte, wo denn die Schwangere untergekommen, die Jungfer Maria, die behauptet, mit unsereinem verwandt zu sein.

Was ist das, Verwandtschaft? Wie kommt sie zustande? Wie kann man sie prüfen, wenn man das Blut in den Adern nicht kennt, nicht weiß, wie dunkel sich's fortzeugt? Ist nicht Tamar, die Urmutter, wie in der Schrift steht, Schwiegertochter des reißenden Löwen Juda gewesen und Frau ihm zugleich? Und Rahab, die Josuas Kundschafter rettete, war sie nicht eine Hure? Was für Geschichten in Davids Stamm!

Bewahre mich, Gott, der Gerechte, hochmütig zu werden, dass ich andre, die ihres Kindes Vater nicht kennen, verachte. Hab ich doch selber die Jüngste, die Judith, ohne meinen Ernährer heimlich empfangen, und heimlich ging sie davon, mit sechzehn, ungelogen, war weg eines Morgens, nach Sidon, nach Tyrus, wer weiß es. Verschollen, sagt man, und wer, so oft man nachts den Zufällen nachsinnt, will sie leugnen, irgendeine Verwandtschaft, wenn es ans Tor klopft und ein Mund aus Nazaret sagt: »Großmutter Josefa?«

Kurz, ich hatte ein schlechtes Gewissen, stellte rasch dem Obadja das Brot auf den Tisch, der Wind ging von Norden, man kam schlecht vorwärts und fast, nachdem ich lange vergeblich geforscht, hätte ich ihn nicht gesehen, den Stern, der, wie es hieß, seit der neunten Stunde über dem Ort stand.

Alles, was recht ist, ein großmächtiger Stern, ich fürchte, viel Gutes hat so was nicht zu bedeuten. Ich treffe also Amasa, die Stallmagd, sie zeigt nach dem Stern, dann nach dem Schuppen, ich seh' einen Lichtschein schräg in der Tür – da höre ich Stimmen rückwärts, stelle mich unter das Vordach, nein, nicht ängstlich, wer wird einer alten Frau schon was antun.

Ist auch keiner, der mich bemerkt, ein Trupp dunkler Männer in Winterpelzen, die Kappen tief im Gesicht. Na, denk ich, was haben die hier im Stall zu suchen, vielleicht ein Schaf, ein verirrtes, und drücke mich hinter ihnen hinein.

Oh, es war nicht bloß Neugier, man hat die Sprüche ja noch im Ohr, von der Wurzel aus Jesse, der Tochter Zion, die jauchzen wird, wenn der König kommt, ein Gerechter und Helfer. Irgendein Glanz, so denk ich, müsste zu merken sein, denn was hofft man nicht alles, wenn man den Weltenlauf kennt, den Krieg, den Aussatz, die Armut, den Geiz, die Missgunst im Herzen.

Hinter dem Pfosten versteckt, man reibt die Augen, was sieht man? Ein paar Verrückte, was sonst. Vielleicht auch Betrunkene. Sie blicken blöde sich um, zieh'n die Kappen vom Schädel, stoßen mit Fäusten sich an und zeigen stumm auf das Kind. Dann, ungelogen, knien sie nieder, als hätten sie Jefta, den Großherrn, vor sich. Und einer, mit grauen Stoppeln am Kinn, erzählt von dem Engel, der schrie wie eine Posaune. Friede! hat er geschrien, und: Freude von Gott! und: Gerechtigkeit allen Menschen!

Nehmt bitte daran keinen Anstoß – ich weiß, was ich hörte, ich weiß, was ich sah. Der Graubart schnitzte an seinem Stock, als müsste er bald weiter. Maria lächelte, und dem Kind, dem brauchte ich, Gott behüte, nicht mehr zu helfen, es war nun schon in der Welt, klein und runzlig, so lag's in der Krippe, wie alle Kinder, die plötzlich da sind und satt, nachdem sie bei der Mutter getrunken. Der Esel, der kaute am Erbsstroh, der Ochse glupschte, das Maul weit offen, ein Faden Speichel zog sich auf die Tenne herab, im Winkel fiepten die Mäuse.

Offen gestanden, nicht einen Heller hätt' ich gesetzt für die goldene Zukunft aus Davids Haus, auch wenn der Engel, was ich bezweifle, wirklich geschrien hat, auch wenn die Stallmagd, mit der ich noch Kaffee trank in der Kammer, erzählte von Magiern in bunt besticktem Gewand, mit Turbanen weiß, mit Gerät und reichen Geschenken. »Amasa«, sag ich, »schweig, du wirst kindisch.«

Oder, so denk ich nun auf dem Heimweg, am Tor der Verheißung vorüber, bei Daniels Kaufhaus, da dreh ich mich um und denke: Sollte doch etwas dran sein?

Der Stern steht groß und funkelnd, immer noch über dem Stall. Die Nacht ist bald um, und ich denke: So dunkel und hell zugleich ist Betlehem, Davids Stadt, nie gewesen.

Und ich sehe das Kind, das Kind im Stall, das Kind, bei dessen Geburt ein Engel laut schreien muss, das Kind, das auf Holz liegt, das Kind, das die Hirten vom Feld holt und die Magier lockt von den Rändern der Welt, das Kind vielleicht aus meiner Verwandtschaft.

Dergleichen seh' ich nicht gern, man hat so seine Erfahrung. Man müsste ein Auge drauf haben, denk ich, schon an der Haustür und leise die Stiege hinauf, dass der Alte nicht aufwacht. Denke, ausgestreckt auf dem Lager, schon halb im Schlaf, denke: wenn das, wenn das man gutgeht.

Die Geburt Jesu

Ferdinand Bässler

Da aber die Zeit erfüllet war, dass sich Gott erbarmen wollte über die Menschen und dass sein eingeborener Sohn als Mensch geboren werden sollte von Maria, der reinen Magd, da war ein Kaiser, der hieß Augustus, der war so gewaltig, dass ihm die ganze Welt gehorsam war. Und in dem vierundvierzigsten Jahre seines Reiches ließ er ein Gebot ausgehen, dass jedermann dahin gehen sollte, wo er geboren wäre, um dem Kaiser seinen Zins zu bringen.

Nun wohnte Joseph mit Maria in der Stadt Nazareth; er war aber in Bethlehem, der Stadt Davids, geboren, wo seine Voreltern von Alters her gesessen hatten. Da wollten sie dem Kaiser gehorsam sein und ihren Zins bringen. Und als sie gen Bethlehem kamen, da war es auch der Zeit nahe, dass Maria gebären sollte unsern lieben Herrn.

Nun waren aber zur selben Stunde und aus gleicher Ursache gar viele Leute gen Bethlehem gekommen und waren alle Herbergen voll; Maria und Joseph aber kamen zu spät und konnten nirgends unterkommen, zumal die Leute wohl sahen, dass sie arm waren: Darum kehrte sich niemand an sie. Und da Joseph alle Gassen durchfuhr, kam er zuletzt an einen Schoppen, der hing an einer Mauer und war vor alten Zeiten eine Hofstätte gewesen Jesses, des Vaters Davids. Durch die Mauer ging ein Loch wie eine Tür in eine wüste Wohnung, die in langen Jahren kein Mensch betreten hatte.

Es stand an der Mauer eine kleine steinerne Krippe: Da ließen sich Joseph und Maria nieder, und Joseph band sein Eselein an die Krippe.

Vor dem Schoppen aber war Wochenmarkt, wo man Brot, Holz, alte Kleider und allerlei feil hielt, und die Leute, die von den Dörfern kamen, stellten ihre Esel und Rinder unter den Schoppen. Joseph fand nun schon ein Rind unter dem Schoppen an der Krippe stehen, das hatte ein armer Mann daselbst angebunden, welcher gleichfalls diese Nacht nirgends unterkommen konnte.

In diesem armen, wüsten, engen Hüttlein ward geboren der zarte Gottessohn, Jesus Christus, von Marien, der reinen Magd, der da ist ein Trost aller Welt.

Maria fand aber keine Stätte, wo sie ihr Kind hinlegen möchte: Da legte sie es in die Krippe vor den Esel und das Rind. In der Krippe war ein wenig Heu, darauf lag Christus in Tüchlein gewickelt, so gut sie Maria eben haben mochte, denn sie hatte nicht gedacht, dass ihre Zeit so nahe wäre.

In solcher Armut ward das Heil der Welt geboren ohne alle Schmerzen und ohne alles Weh.

Weihnachtsglocken

WILHELM RAABE

... EIN GLOCKENSCHLAG ERWECKTE MICH aus meinem stundenlangen Brüten – die Weihnachtsglocken von Finkenrode! Die Weihnachtsglocken meiner Kindheitszeit!

Ich fuhr mit der Hand über die Stirn und lauschte; unwiderstehlich zog es mich hinaus in die heilige Nacht.

Ich hatte den Mantel übergeworfen; ich fand mich in der Straße, ohne zu wissen wie.

Alles still und dunkel! Kein Stern am Himmel – kein Lichtlein auf Erden! Glockenklang, Glockenklang der Heimat!

Ich schritt langsam durch die schweigenden, schneebedeckten Straßen, das Erwachen der Stadt erwartend. –

Dort flammt ein Licht auf, dort wieder eins. Sie bewegen sich in den Häusern hin und her durch die Gemächer. Sieh da! Sieh da, ein Weihnachtsbaum im vollen Glanz! Haustüren öffnen sich hier und da, eine Gestalt, in einen Mantel gehüllt, streicht an mir vorüber. In immer hellerm Glanz leuchtet das Städtlein Finkenrode.

Ich folge dem Glockenklang durch die Gassen auf den Marktplatz – vor mir strahlt die Kirche des heiligen Martin mit ihren hohen, spitzen, erleuchteten Fenstern; die beiden Türme verlieren sich vollständig in dem Nebel und der Dunkelheit. Ich lehne mich an einen Pfeiler des weit geöffneten Portals und lausche. Hallen einmal einen Augenblick die Glocken über mir aus, so klingt leise, leise das Geläut eines fernen Walddorfes herüber. Noch ist die Kirche menschenleer, die

WILHELM RAABE

Wände des heiligen Gebäudes entlang schimmern die Totenkränze im Glanz der Kronleuchter. Tannengezweig windet sich an den Pfeilern empor. –

Jetzt ist das christliche Volk erwacht und regt sich. Männer und Weiber schreiten durch die Gassen und über den Markt, auf die Kirchentüren zu, die Gesangbücher an die Brust gedrückt. Die Kinder führen ihre bunten Weihnachtspuppen mit sich, junge Mädchen entfalten strahlend den neuesten Putz. Zwischen den modernen Hüten und Hauben der Weiber schimmern hier und da die landesüblichen seltsamen Kugelmützen von Gold- und Silberstoff, die Kopfbedeckungen der älteren Bürgersfrauen, hervor. Immer dichter werden die Scharen, die an mir vorüberziehen. Jeder Kirchgänger führt ein Wachslicht mit sich, welches an einer am Eingang der Kirche hängenden kleinen Lampe angezündet wird. Schon flammen Hunderte von Kerzen, schon braust die Orgel, der Gesang der Menge fällt ein – weit über die kleine Stadt hin, bis tief hinein in die stillen Berge, wo der Hirsch und der Fuchs verwundert aufhorchen, erklingt die Feier des Christmorgens.

Gott ist gekommen

Karl Rahner

Er ist da. Und darum ist alles anders, als wir meinen. Die Zeit ist aus dem ewigen Weiterfließen verwandelt in ein Geschehen, das mit lautloser, eindeutiger Zielstrebigkeit auf ein ganz bestimmtes Ende hinführt, darin wir und die Welt vor dem entschleierten Antlitz Gottes stehen werden.

Wenn wir sagen: Es ist Weihnacht, dann sagen wir: Gott hat sein letztes, sein tiefstes, sein schönstes Wort im Fleisch gewordenen Wort in die Welt hineingesagt, ein Wort, das nicht mehr rückgängig gemacht werden kann, weil es Gottes endgültige Tat, weil es Gott selbst in der Welt ist. Und dieses Wort heißt: Ich liebe dich, du Welt und du Mensch.

Karl Rahner

Weiße Weihnacht

Emile Verhaeren

LEISE UND LANGSAM FIEL DER SCHNEE, der Weihnachtsschnee. Er erfüllte die Luft mit Pünktchen, flockte hin und her an den Straßenecken; wo die Brise wehte, hielt er sich einen Walzer lang auf. In der Ebene kam er gewichtig und dicht vom Himmel herab.

Es war am 24. Dezember, Abend. Die Häuser waren geschlossen, niemand ging mehr aus. Lange gelbe Strahlen drangen noch durch die Spalten der Läden, aber bald erloschen auch diese Lichtstreifen.

Der Schnee war nun in aller Stille am Werke. Er begann noch dichter, noch glitzernder im Mondlicht, hinter lockigen Wolken, zu fallen. Handvoll warf er seine Wollflocken herab, als ob alles Gewölbe des Himmels seinen weichen Flaum verlöre.

Ein kleines Dorf, das wie vergessen in einem Spalt der Landschaft lag, empfing ihn auf seinen Schultern. Fröstelnd bedeckte es damit seine Scheunen und Ställe, seine Mühlräder und Düngerhaufen, seine Hütten, seine Backöfen, Wasserbecken und Pferdeställe. Es tat sich gütlich im Schnee; die Wohnstätten sahen alle aus, als ob sie sich in warme Pelze hüllten, sich zusammenrollten, sich eine an die andere drücken wollten, wie eine weiße Murmeltierfamilie.

Tolles Gewirbel, gefrorenes Stäuben flog vorbei wie Rauch, mit dem der Wind Possen treibt. Einen Augenblick herrschte stürmisches, aufrührerisches, wildes Getümmel, das heulend die schwermütige Stille der Nacht durchbrach. Es war, als klängen Klagen im Wald, die der Sturm hindehnte.

Gegen elf hörte es zu schneien auf. In die beruhigte Nacht leuchteten nun die Sterne am entwölkten Himmel. Blauer Mondglanz lief über die weiße Unendlichkeit der Landschaft. Alle Ecken wurden weicher. Die Häuser machten Katzenbuckel; Schatten mit gekrümmten Rücken wölbten sich auf der Straße. Die Kirche inmitten des Dorfes, mit den beiden zwillinghaften Senkungen des Daches, die wie Flügel herabgeschlagen waren, schien – man dachte unwillkürlich an ein norwegisches Dorf – einen Schwarm von Schwänen zu beherbergen.

Da geschah es, dass am letzten Ende der Straße aus ihrer Kapelle, die an einem Baume hing, eine kleine Mutter Gottes aus Holz, ganz steif in ihrem silbernen Kleide, herabstieg und zu wandern anhub. Ihr Weg war wie mit Schlehdorn bestreut. Vom Wind gebläht, hob sich ihr Tüllschleier, ihr Heiligenschein strahlte im Sternenglanz. Sie schwebte mit der Leichtigkeit einer Schwalbe vorbei, kaum berührte sie die Fläche ihres Fluges.

Als sie an der nächsten Wegkreuzung angelangt war, stiegen zwei Engel, die Palmen über einen Christuskopf gekreuzt hielten, herab, um sie über den ihren zu schwingen. Sie lächelte, im Winterfrost sich mit dem warmen Grün des Frühlings bekränzt zu sehen; die Engel psalmodierten ihr Hymnen, die so zart erklangen wie fernes Echo. Und während der Gesang einen Klang lang aussetzte, hörte man das Hinstreifen ihres gestickten Kleides über dem Schnee.

Schlag Mitternacht hielt der kleine Zug in der Kirche Einzug, die eben sich bereitete, Weihnacht zu feiern. Im Hintergrund, im Chor, hatte der Sakristan die sagenhafte Krippe aufgestellt, in der das mollige Christuskind, vor Fett glänzend, das Köpfchen voll gebrannter Locken – sein kleiner Fuß entschlüpfte dem Linnen –, aus der Umrahmung neu aufgefrischter Blumen puppenhaft hervorlächelte. Im Vordergrund prangte ein Korb unter Glas, mit Bauschen aus wächsernen Früchten, zwei hohe Leuchter, umkrönt von Kerzen, deren Dochte mit der Schere gestutzt waren, ließen ihre flackernden Lichter längs der Girlanden erstrahlen. Kamelien aus Gaze, Rosen aus Tüll, pappendeckelne Pfingstrosen öffneten in Buschen ihre Blätter, gingen da oder dort aus dem Leim und verloren die angepiekten Stempel aus ihren Blüten.

Sobald sie eingetreten war, die kleine Jungfrau, lief sie, ihren Sohn mit Inbrunst zu umarmen; sie küsste ihn mit aller Zärtlichkeit auf die Grübchen seiner Wangen.

Dann, auf ihre Gebärde hin, stieg aus den Nischen des Altars, von den Friesen, den Architraven, den Bogen der Lampen, den Wölbungen der Spitzbogen, aus den Schnitzereien der Chorsitze, von den Säulenköpfen, den Täfelungen Heiliger auf Heiliger herab. Joseph, mit der Stirn des Patriarchen, langem, seidigem Bart, einen Lilienstängel zwischen den Fingern, Barbara, an ihren gezackten Turm gelehnt, Kornelius, der Papst, Amandus, der Missionar, alle Schutzpatrone der Bruderschaften und frommen Gesellschaften, die Evangelisten, die Beschützer der Pfarre, Apostel mit Gebärden, die in ekstatischen Stellungen erstarrt waren und feurige Zungen auf dem Kopfe trugen. Im Schiffe rückwärts unter der großen Wölbung gab es eine ganze Prozession von Seligen, Märtyrern, Anachoreten, Büßern, die von den Sockeln und Basreliefs herabkamen; einige befreiten sich aus den Einfassungen der Glasfenster; die Engel, deren ausgebreitete Flügel die Wölbungen stützten, ließen ihre Last fahren, andere flogen von der Orgel auf, wo sie, in Eiche geschnitzt, den Ruhm Gottes aus kupfernen Posaunen verkündeten.

Und alle bildeten vom Hochaltar bis ans Ende der Kirche in ihren unbefleckten Gewändern eine Schleppe von Weiß, in der stellenweise ein brennendes Funkeln glitzerte, wie in Flüssen, auf die die Sonne strahlt. Das war der Glanz der Satins, Falten der Seide, Keuschheitskränze, feurige Herzen, auf der Brust angebracht, Strahlen, die Händen entfahren wollten, Füße, Augen, Heiligenscheine, die ihre leuchtenden Bogen wie breite Halsketten wölbten. Das war die Prachtentfaltung der schneeweißen Stolen der Beichtväter, die lange Reihe linnener Gewänder der Einsiedler, mit ihren ausgemergelten Gesichtern, blass wie Hostien, der Chor der Päpste, aufrecht in ihrer marmornen Pose, und die Jungfrauen, die ein Beet großer aufgeblühter Lilien bildeten, dem wie eine Alabasterstatue ein riesiger Erzengel mit prachtvollen Flügeln entstieg.

Die weiße Einförmigkeit blendete fast. Man musste an schmelzendes Silber denken. Dieses Leuchten durchkreuzte sich, drang ineinander; es entstieg ihm ein Schwall von solch starker Klarheit, dass kein Winkel in der Kirche diesem durchdringenden Licht entging. Jeder Schatten verschwand, die Mauern konnten kaum dieses Strahlen fassen, das einen Ausgang suchte, um bis zu den Sternen empor zu gelangen.

Aber da war der Schnee, der Schnee, der alle Öffnungen verstopfte, die kleinen Vierecke der Fenster umgab und die musikalischen Geräusche, die diese Anbetung hervorrief, erstickte. Denn wenn er so schwer lastend und alles überwältigend herabgefallen war, so geschah es nicht nur, um der kleinen Jungfrau Maria einen Teppich zu bereiten, sondern um auch alle Gesänge, alle Hymnen, alles strahlende Licht draußen unhörbar und unsichtbar zu machen.

Jedes Jahr fand das gleiche Fest statt. Es begann Schlag Mitternacht und war zur bestimmten Minute jäh zu Ende. Gegen vier Uhr sprang der junge Mesner, der am Ende des Dorfes wohnte, aus dem Bett, um die Morgenglocke zu läuten. Anlässlich des heiligen Tages legte er seine besten Kleider an, seine schöne Hose aus Tuch, vom Vater stammend und auf sein Maß gerichtet, die Satinweste mit doppelten Knopfreihen, den Frack mit den schweren Schößen, die wie Rabenflügel um seine Beine tanzten. Kaum war er draußen, so machte er schon einen düsteren Fleck in die Landschaft. Er störte die eisige Ruhe, die jungfräuliche Schönheit, die weiße Einheit der hellen Farben.

Die Reinheit der kristallinischen Färbungen besudelte sich mit tintigen Spritzern, der Hermelin wurde kotig. Die Schleppe des unbefleckten Mantels bekam einen schmutzigen Rand. Wo der Mesner vorbeikam, ließen seine Schuhe auf dem weißen Weg riesige Abdrücke zurück. Sein Schatten zeichnete lächerliche Profile auf den Schnee. Bei jedem Schritt wirbelte er Staub auf, der fein war wie Reif. Und der Schnee krachte, er knirschte, er litt. Da und dort fiel er in kleinen Lawinen herab oder löste sich plötzlich auf.

In dem Maße, als er näher kam, hörte auch in der Kirche die weiße Anbetung auf. Die Gebete, die Gesänge, die Hymnen falteten ihre alkyonischen Flügel, das Lächeln erstarb mit der Ekstase auf den hingeneigten Gesichtern. Das Geräusch, das von den Weihkesseln kam, war zu Ende. Die Kerzen verlöschten von selbst. Die Engel entflogen auf milchweißen Wegen. Die heiligen Männer und Frauen stiegen wieder auf ihre Piedestale, erstarrten von neuem in ihrer Gebärde, die sich auf das Elend des Menschenlebens herniederbeugte. Die Märtyrer hielten ihre goldenen Palmen hoch, und die Glückseligkeit, für ihren Gott zu leiden, füllte wieder ihre Augen mit Tränen.

Alle diese linnenen Gewänder, alle diese Stolen, schneeweißen Kleider, silbernen Messgewänder, diese feierlichen Schleppen und Schleier aus Gaze fühlten das Herannahen des Schwarzen. Denn nichts ist empfindlicher, ängstlicher als solche himmlische Färbungen, darin die ganze Reinheit der Unbefflecktheit sich spiegelt. Die Nachbarfarben schon quälen sie, das Schwarze tötet sie. Es versinnbildlicht die Trauer, die Schmerzen, den Tod; es ist die Beleidigung, der Schimpf des irdischen Elends gegen die göttliche Helle.

Auf diese Art war beim ersten Knirschen der Schlüssel des Mesners im Eisenwerk des Schlosses, aus Furcht vor unreiner Berührung alles in Ohnmacht gefallen. Die kleine Jungfrau mit ihren Gefährten war geflohen und fand mit knapper Mühe einen noch bereiften Dachfirst, um beim Klang der Morgenglocken nach Hause zurückzufinden.

Er aber, der kleine Mesner, bemerkte niemals etwas davon; er ging halb verschlafen seine weinerlichen Glocken läuten, indes sich noch in den vom Mond erhellten Winkeln die langen Schleier der Büßerinnen bewegten, bemüht, ihren früheren Faltenwurf wiederherzustellen.

Über die Geburt Jesu

ANDREAS GRYPHIUS

NACHT, MEHR DENN LICHTE NACHT! Nacht, lichter als der Tag!
Nacht, heller als die Sonn!, in der das Licht geboren,
Das Gott, der Licht in Licht wohnhaftig, ihm erkoren!
O Nacht, die alle Nacht und Tage trotzen mag!
O freudenreiche Nacht, in welcher Ach und Klag
Und Finsternis, und was sich auf die Welt verschworen,
Und Furcht und Höllen-Angst und Schrecken war verloren!
Der Himmel bricht; doch fällt nunmehr kein Donnerschlag
Der Zeit und Nächte schuf, ist diese Nacht ankommen
Und hat das Recht der Zeit und Fleisch an sich genommen
Und unser Fleisch und Zeit der Ewigkeit vermacht.
Der Jammer trübe Nacht, die schwarze Nacht der Sünden,
Des Grabes Dunkelheit muß durch die Nacht verschwinden,
Nacht, lichter als der Tag! Nacht, mehr denn lichte Nacht!

Die drei Stillen Messen

Alphonse Daudet

»Getrüffelte Truthennen, Garrigou?«

»Ja, Hochwürden, zwei prächtige Truthennen, mit Trüffeln vollgepfropft. Ich kann etwas davon erzählen, habe ich doch mitgeholfen, sie zu füllen. Man hätte denken sollen, ihre Haut müßte beim Braten platzen, so war sie gespannt ...«

»Jesus, Maria! Und ich esse Trüffeln so gern ... Schnell, gib mir mein Chorhemd, Garrigou ... Und außer den Truthennen, was hast du noch in der Küche bemerkt?«

»Oh, alles nur mögliche Gute ... Seit Mittag haben wir nichts getan, als Fasanen, Wiedehopfe, Feldhühner und Auerhähne zu rupfen. Die Federn flogen nur so herum ... Dann hat man aus dem Teich Aale gebracht, Goldkarpfen, Forellen und ... »

»Forellen, Garrigou, wie groß?«

»So groß, Hochwürden, ganz prächtige Stücke!«

»Mein Gott! Mir ist, als ob ich sie sähe! ... Hast du den Wein in die Messkännchen gefüllt?«

»Ja, Hochwürden, ich habe den Wein in die Messkännchen gefüllt ... Aber weiß Gott, der ist gar nichts gegen den Wein, den Sie nach der Mitternachtsmesse trinken werden. Wenn Sie das alles im Speisesaal des Schlosses sähen, alle diese Flaschen mit edlen Weinen, die in allen Farben schillern ... Und das Silbergeschirr, die Tafelaufsätze, die Blumen, die Armleuchter! Solch einen Weihnachtsschmaus hat man noch niemals gesehen. Der Herr Graf hat alle Herrschaften aus der Nachbarschaft eingeladen. Es werden wenigstens vierzig Personen an der Tafel sein, ohne den Amtmann und den Gerichtsschreiber zu rechnen. Ach, Sie haben es gut, daß Sie dabei sein können, Hochwürden ... Unsereiner hat die schönen Truthennen nur riechen dürfen, und doch verfolgt mich der Duft der Trüffeln, wohin ich mich auch wenden mag ... Ach!«

»Nun, nun, mein Kind. Hüten wir uns vor der Sünde der Leckerei, zumal am heiligen Weihnachtsabend ... Geh schnell und zünde die Kerzen an und gib das erste Glockenzeichen zur Messe; denn sieh, es ist bald Mitternacht, und wir dürfen uns nicht verspäten ...«

Dieses Zwiegespräch wurde an einem schönen Weihnachtsabend im Jahre des Heils eintausendsechshundert und so und so viel gehalten zwischen dem ehrwürdigen Herrn Balaguere, vormaligem Prior der Barnabiten, jetzt wohlbestalltem Schlosskaplan der Grafen von Trinquelage, und seinem kleinen Mesner Garrigou oder vielmehr derjenigen Person, welche er für seinen kleinen Mesner Garrigou hielt. Denn wohlgemerkt, für diesen Abend hatte der Teufel die runde Gestalt und die unbestimmten Züge des jungen Sakristans angenommen, um Seine Hochwürden bequemer in Versuchung führen und zur abscheulichen Sünde der Leckerei verleiten zu können. Während also der angebliche Garrigou (hm, hm) die Glocken der gräflichen Kapelle ertönen ließ, legte Seine Hochwürden in der kleinen Sakristei des Schlosses sein Messgewand an und wiederholte während des Ankleidens für sich, mit seinen Gedanken ganz in jene gastronomischen Beschreibungen vertieft: »Gebratene Truthennen ... Goldkarpfen ... Forellen ... und von solcher Größe!«

Draußen blies der Nachtwind und trug die Glockentöne in die Ferne, während hier und da auf den Seiten des Mont Ventoux, auf dessen Spitze sich die alten Türme von Trinquelage erhoben, Lichter durch das nächtliche Dunkel aufblitzten. Es waren die Familien von den Meierhöfen, die sich anschickten, die Mitternachtsmesse auf dem Schloss zu hören. Unter Gesang erklommen sie den Abhang, in Gruppen von fünf oder sechs, voran der Vater, die Laterne in der Hand, sodann die Frauen, eingehüllt in ihre großen braunen Mäntel, in deren Falten die Kinder Schutz und Halt suchten. Trotz der späten Stunde und der Kälte marschierten die braven Leute lustig vorwärts in der zuversichtlichen Hoffnung, dass sie nach beendigter Messe wie jedes Jahr unten in den Küchenräumen den Tisch gedeckt finden würden. Von Zeit zu Zeit ließ eine herrschaftliche, von Fackelträgern begleitete Karosse auf dem steilen Weg ihre Spiegelscheiben in den Strahlen des Mondes erglänzen, oder ein Maultier setzte vorwärts trottend die an seinem Hals hängenden Glöckchen in Bewegung, und beim Schein der von Nebel eingehüllten Stocklaternen erkannten die Meier ihren Amtmann und grüßten ihn, wie er vorbeiritt: »Guten Abend, guten Abend, Herr Arnoton.«

»Guten Abend, guten Abend, meine Kinder.«

Die Nacht war hell, die Sterne erzitterten in der Kälte, der Nordwind wehte scharf, und feine Eisnadeln, die von den Kleidern herabglitten, ohne sie zu befeuchten, hielten die Überlieferung der »schneeweißen« Weihnacht treulich aufrecht. Ganz oben auf der Höhe erschien als Ziel das Schloss mit seiner gewaltigen Masse von Türmen und Giebeln, stieg der Glockenturm seiner Kapelle zum schwarzblauen Himmel empor, und viele kleine Lichter, die sich hin- und widerbewegten, blitzten in allen Fenstern auf und glichen auf dem dunklen Hintergrund des Gebäudes den Funken, die in der Asche verbrannten Papiers aufleuchten. Nachdem man die Zugbrücke und das Falltor überschritten hatte, musste man, um nach der Kapelle zu gelangen, den ersten Hof durchqueren, der mit Karossen, Bedienten und Tragsesseln angefüllt und durch die Flammen der Fackeln und durch die Küchenfeuer taghell erleuchtet war. Man hörte das Geräusch der Bratenwender, das Klappern der Kasserollen, das Klirren der Kristall- und Silbergefäße, die bei der Vorbereitung zu einem Mahl gebraucht werden; und der Duft gebratenen Fleisches und würziger Saucen, der über dem Ganzen schwebte, rief den Meiern wie dem Kaplan, wie dem

Amtmann, wie aller Welt zu: »Welch vortreffliches Weihnachtsmahl erwartet uns nach der Messe!«

Kling-ling-ling! ... Kling-ling-ling!

Die Mitternachtsmesse beginnt. In der Schlosskapelle, einer Kathedrale im Kleinen mit Kreuzgewölben, eichenem Getäfel die ganzen Wände hinauf, sind alle Wandteppiche aufgespannt, alle Kerzen angezündet. Und welche Versammlung! Welche Toiletten! Da sitzen in den schön geschnitzten Stühlen, welche den Chor umgeben, zunächst der Graf von Trinquelage in lachsfarbenem Taffetgewand und neben ihm alle geladenen edlen Herren. Gegenüber, auf mit Sammet besetzten Betstühlen, hat, neben der alten Gräfin-Witwe in feuerrotem Brokatkleid, die junge Gräfin von Trinquelage sich niedergelassen, im Haar eine hohe, nach der letzten Mode des Hofes von Frankreich aufgebaute Spitzengarnitur. Weiter unten sieht man in Schwarz gekleidet, mit mächtigen Perücken und rasierten Gesichtern den Amtmann Arnoton und den Gerichtsschreiber Ambroy – zwei ernste Gestalten zwischen den glänzenden Seidengewändern und den gold- und silberdurchwirkten Damastkleidern. Sodann die fetten Haushofmeister, die Pagen, die Jäger, die Aufseher, Frau Barbe, alle Schlüssel an einer Kette von feinem Silber an ihrer Seite herabhängend. Im Hintergrund, auf Bänken, die niedere Dienerschaft, die Mägde, die Meier mit ihren Familien, und endlich ganz hinten, dicht bei der Tür, die sie möglichst geräuschlos öffnen und schließen, die Herren Küchenjungen, die zwischen zwei Saucen ein wenig Messeluft atmen und ein wenig Duft des Weihnachtsschmauses in die Kirche mitbringen, in welcher die Menge der angezündeten Kerzen eine festliche Wärme ausstrahlt.

Ist es der Anblick der weißen Küchenjungenbaretts, der Seine Hochwürden so in Zerstreuung versetzt? Oder ist es vielleicht das Glöckchen Garrigous, dieses rasende, kleine Glöckchen, welches sich am Fuß des Altars mit wahrhaft höllischer Überstürzung bewegt und bei jeder Schwingung zu sagen scheint: »Eilen wir uns, eilen wir uns ... Je früher wir hier fertig werden, desto früher kommen wir zur Tafel.«

Tatsache ist, dass, so oft dieses Teufelsglöckchen erklingt, der Kaplan seine Messe vergisst und nur noch an den Weihnachtsschmaus denkt. Im Geist sieht er das Küchenpersonal in voller Tätigkeit, die Öfen, in denen ein wahres Schmiedefeuer glüht, den Dunst, der unter den Deckeln der Kasserollen hervordringt, und in diesem Dunst zwei prächtige Truthennen, zum Zerplatzen vollgestopft und marmoriert mit Trüffeln ...

Er sieht auch wohl ganze Reihen kleiner Pagen vorüberziehen, beladen mit Schüsseln, die einen verführerischen Duft um sich verbreiten, und tritt mit ihnen in den großen Saal, der schon für das Fest bereit steht. O Wonne! Da steht im vollen Lichterglanz die mächtige Tafel, ganz beladen: Pfauen, in ihr eigenes Gefieder gekleidet; Fasanen, die ihre braunroten Flügel ausbreiten; rubinfarbene Flaschen; Fruchtpyramiden, die aus grünen Zweigen hervorleuchten; ja die wunderbaren Fische, von denen Garrigou sprach (ja, ja, vortrefflich, Garrigou!), ausgestreckt auf ein Lager von Fenchel, die Schuppenhaut so perlmutterglänzend, als ob sie eben aus dem Wasser kämen, mit einem Sträußchen wohlriechender Kräuter in ihren monströsen Mäulern.

So lebhaft ist die Vision dieser Wunder, dass es Herrn Balaguere vorkommt, als seien diese prächtigen Gerichte vor ihm auf den Stickereien der Altardecke angerichtet, und dass er sich zwei- oder dreimal dabei überrascht, dass er die Worte: »Der Herr sei mit euch!« in: »Der Herr segne die Mahlzeit!« verkehrt. Abgesehen von diesen verzeihlichen Missgriffen waltete der würdige Mann seines Amtes mit großer Gewissenhaftigkeit, ohne eine Zeile zu überspringen, ohne eine Kniebeugung auszulassen, und alles ging vortrefflich bis an das Ende der ersten Messe; denn, wie bekannt, muss am Weihnachtstag derselbe Geistliche drei Messen hintereinander zelebrieren.

»Das war eine!«, sagt der Kaplan zu sich mit einem Seufzer der Erleichterung; dann, ohne eine Minute zu verlieren, gibt er seinem Mesner oder dem, den er dafür hält, das Zeichen und ...

Kling-ling-ling! .... Kling-ling-ling!

Die zweite Messe nimmt ihren Anfang, und mit ihr die Sünde Herrn Balagueres. »Schnell, schnell, beeilen wir uns«, ruft ihm mit seiner dünnen schrillen Stimme das Glöckchen Garrigous zu, und diesmal stürzt sich der unselige Priester, sich ganz dem Dämon der Fresssucht hingebend, auf das Messbuch und verschlingt die Seiten mit der Gier seines überreizten Geistes. Wie ein Wahnsinniger kniet er nieder und erhebt sich wieder, macht er die Zeichen des Kreuzes, die Kniebeugungen und kürzt alle diese Bewegungen ab, um möglichst bald zu Ende zu kommen. Kaum dass er bei der Verlesung des Evangeliums die Arme ausstreckt, dass er beim Confiteor an seine Brust schlägt. Zwischen ihm und seinem Mesner entspinnt sich ein förmlicher Wettstreit, wer am schnellsten fertig werde. Fragen und Antworten überstürzen sich. Die Worte, nur zur Hälfte ausgesprochen, ohne den Mund zu öffnen, was zu viel Zeit kosten würde, gehen in unverständliches Gemurmel über.

»Oremus ps ... ps ... ps ...«

»Mea culpa ... pa ... pa ...«

Eiligen Weinlesern gleich, die im Kübel die Trauben austreten, waten beide in dem Latein der Messe herum, nach allen Seiten abgerissene Worte hervorsprudelnd.

»Dom ... scum!«, sagt Balaguere.

»... stituo!«, antwortet Garrigou, und immer ist das verdammte Glöckchen da, dessen schrille Stimme in ihren Ohren klingt wie die Schellen, die man an dem Geschirr der Postpferde befestigt, um sie zu rascherem Lauf anzufeuern. Dass bei solchem Gang eine stille Messe rasch erledigt ist, lässt sich leicht vorstellen.

»Das waren zwei!«, sagt der Kaplan ganz außer Atem, dann stürzt er, ohne dass er sich Zeit nähme, wieder zu Atem zu kommen, rot im Gesicht, vor Eifer schwitzend, die Stufen des Altars hinunter und ...

Kling-ling-ling! ... Kling-ling-ling!

Die dritte Messe beginnt. Nun sind es nur noch wenige Schritte bis zur Ankunft im Speisesaal; aber ach, je mehr der Weihnachtsschmaus herannaht, desto mehr fühlt sich der unglückselige Balaguere von wahnsinniger Ungeduld und Essgier ergriffen. Seine Visionen verschärfen sich, die Goldkarpfen, die gebratenen Truthennen sind da, stehen vor ihm. Er berührt sie ... Er ... O Gott! ... Die Gerichte dampfen, die Weine duften; und die immer schrillere Stimme des rasch geschwungenen Glöckchens ruft ihm zu: »Rasch, rasch, rascher!«

Aber wie ist das möglich? Seine Lippen bewegen sich kaum. Er spricht die Worte nicht mehr aus. Will er wirklich den lieben Gott betrügen, ihm seine Messe stehlen? ... Ja, wirklich, das tut er, der Unglückselige! ... Er kann der Versuchung nicht widerstehen, zuerst überspringt er einen Vers, dann zwei. Dann ist die Epistel zu lang, er liest sie nicht zu Ende, er geht über das Evangelium hinweg, geht am Credo vorüber, überspringt das Vaterunser und stürzt sich so mit gewaltigen Sätzen und Sprüngen in die ewige Verdammnis, stets begleitet von dem niederträchtigen Garrigou (Hebe dich weg, Satanas!), der ihm mit wunderbarem Verständnis sekundiert, ihm das Messgewand aufhebt, immer zwei Blätter auf einmal umwendet, die Messkännchen umstürzt und dabei beständig das Glöckchen immer stärker, immer schneller schwingt.

Die bestürzten Gesichter sämtlicher Zuhörer zu betrachten ist der Mühe wert. Genötigt, nach der Mimik des Priesters der Messe zu folgen, von welcher sie nicht ein Wort verstehen, erheben sich die einen, wenn die andern niederknien, setzen sich die ersten, wenn die letzten aufstehen, und sämtliche Phasen dieses sonderbaren Gottesdienstes fließen ineinander und finden ihren Ausdruck in den verschiedenartigsten Stellungen der Zuhörer auf den verschiedenen Bänken. Der Weihnachtsstern auf seiner Bahn am Himmel erblasst vor Schreck beim Anblick solcher Verwirrung.

»Der Kaplan macht zu rasch ... Man kann nicht folgen«, murmelt die alte Gräfin-Witwe, indem sie ihre Haube aufgeregt hin- und herbewegt. Meister Arnoton, seine große Stahlbrille auf der Nase, sucht mit Verwunderung in seinem Gebetbuch und fragt sich, wie zum Teufel man mit ihm daran sei. Aber im Grunde sind alle diese braven Leute, die ja ebenfalls an den Weihnachtsschmaus denken, gar nicht böse darüber, daß die Messe im Galopp vorwärts geht, und als Balaguere mit strahlendem Gesicht sich an die Anwesenden wendet und ihnen mit aller Kraft zuruft: »Ite, missa est«, da antwortet ihm die ganze Zuhörerschaft einstimmig mit einem so freudigen, so hinreißenden »Deo gratias«, dass man in Versuchung geriet zu glauben, man befinde sich schon an der Tafel beim ersten Toast des Weihnachtsschmauses.

Fünf Minuten später saß die ganze Schar der edlen Herren im großen Saal, der Kaplan mitten unter ihnen. Das Schloss, von unten bis oben erleuchtet, hallte wider von Gesängen, Rufen und Gelächter, und der ehrwürdige Balaguere durchstach mit seiner Gabel den Flügel eines Feldhuhns, indem er die Gewissensbisse wegen seiner Sünde unter Fluten edlen Weines und guten Bratensaucen zu ersticken suchte. Er trank und aß so viel, dass er in der Nacht einem entsetzlichen Anfall erlag, ohne auch nur die Zeit zur Reue zu finden.

Am Morgen darauf kam er im Himmel an, noch ganz aufgeregt von den Festlichkeiten der Nacht. Wie er dort empfangen wurde, könnt ihr euch denken.

»Aus meinen Augen, du schlechter Christ«, sprach zu ihm der oberste Richter, unser aller Herr, »deine Sünde ist so groß, dass sie den Wert eines ganzen tugendhaften Lebens aufwiegt ... Ah! Du hast mir eine Nachtmesse gestohlen ... Nun wohl, du wirst mir dafür dreihundert zahlen und wirst nicht eher Eintritt in das Paradies erlangen, als bis du diese dreihundert Weihnachtsmessen in deiner eigenen Kapelle und in Gegenwart aller derer zelebriert hast, welche mit dir gesündigt haben ...«

Das ist die wahre Legende von Hochwürden Balaguere, wie man sie im Lande der Oliven erzählt. Heute existiert das Schloss Trinquelage nicht mehr, aber die Kapelle steht noch aufrecht auf der Höhe des Mont Ventoux, umgeben von einem Kranz grüner Eichen. Der Wind schlägt ihre zerfallenen Türen auf und zu, auf dem Boden wuchert das Unkraut, in den Winkeln des Altars und in den Ecken der hohen Fenster, deren gemalte Glasscheiben längst verschwunden sind, nisten die Vögel. Gleichwohl scheint es, dass jedes Jahr zu Weihnachten ein übernatürliches Licht durch die Ruinen irrt, und die Bauern haben oft auf dem Weg zur Messe und zum Weihnachtsschmaus die gespenstische Kapelle von unsichtbaren Lichtern erleuchtet gesehen, die in freier Luft und selbst unter dem Schnee und im Wind brennen. Man mag darüber lachen, wenn man will; aber ein Winzer des Ortes, namens Garrigue, ohne Zweifel ein Nachkomme jenes Garrigou, hat mir versichert, dass er eines schönen Weihnachtsabends, als er gerade einen kleinen Rausch hatte, sich im Gebirge auf der Seite von Trinquelage verirrte, und was er dort sah, ist folgendes ... Bis um elf Uhr nichts. Alles war in Schweigen gehüllt, wie erloschen und unbelebt. Plötzlich gegen Mitternacht ertönte eine Glocke hoch oben vom Glockenturm, eine alte, so alte Glocke, dass ihr Ton von zehn Stunden Entfernung herüberzutönen schien. Bald darauf sah Garrigue auf dem Weg, welcher zum Berg hinaufführt, Flämmchen aufleuchten und unbestimmte Schatten sich bewegen. Unter der Tür der Kapelle ertönten Schritte, man flüsterte: »Guten Abend, Meister Arnoton!«

»Guten Abend, guten Abend, meine Kinder!«

Als alle Welt in die Kapelle eingetreten war, trat mein Winzer, der sehr tapfer war, vorsichtig und leise näher und erblickte durch die Spalten der zerbrochenen Tür ein sonderbares Schauspiel. Alle die Leute, die er hatte vorübergehen sehen, waren in dem zerfallenen Schiff der Kapelle um den Chor herum geordnet, als wenn die alten Bänke noch vorhanden wären. Schöne Damen mit Spitzenhauben, von oben bis unten betresste Herren, Bauern in buntfarbigen Jacken, wie sie unsere Großväter trugen, alle das Gesicht alt, welk, staubig, müde. Von Zeit zu Zeit umkreisten Nachtvögel, die gewöhnlichen Bewohner der Kapelle, durch alle diese Lichter aus dem Schlaf aufgestört, die Kerzen, deren Flamme gerade und undeutlich in die Höhe stieg, als ob sie hinter einem Schleier brenne. Und was Garrigue am meisten Spaß machte, das war eine gewisse Person mit großer Stahlbrille, welche jeden Augenblick ihre hohe, schwarze Perücke schüttelte, auf welcher einer der Vögel sich wie angewachsen aufrecht hielt und schweigend die Flügel auf und nieder bewegte ...

Im Hintergrund lag ein kleiner Greis von kindlicher Gestalt in der Mitte des Chors auf den Knien und schwang verzweiflungsvoll ein Glöckchen ohne Klöppel und ohne Klang, während ein Priester in abgetragenem Messgewand vor dem Altar hin- und widerging, beständig Gebete hersagend, von denen man nicht ein Wort hörte ... Sicher war das Hochwürden Balaguere, der eben seine dritte Stille Messe hielt.

Weihnacht

MARTIN LUTHER

Die Weihnachtsgeschichte ist leicht
und verständlich,
und ihr kennt sie doch wohl alle gut.
Dennoch fehlt es immer noch am Glauben. –
Es ist ein Jammer, daß der Mensch
so ganz verblendet sein kann,
daß wir uns von dieser Freude
nicht bewegen lassen.
Es sollte für uns fürwahr in der Schrift
nichts Fröhlicheres geben
als dieses ›Christus ist geboren!‹ –
Gott muß die Menschen von Herzen lieben,
daß er uns eine solche Tat hören läßt,
daß er mich nicht allein liebt,
sondern mir so nahe kommt,
daß er mit mir Mensch wird.
Er wird, was ich bin.
Dafür sollten alle Herzen
vor Dankbarkeit und Liebe zerschmelzen …

Das Lächeln des Guten Hirten

JULIE PRISE

Eine Weihnachtsgeschichte aus Italien

DIES IST EINE GESCHICHTE AUS DER ZEIT, als das fahle Ross durch die Länder Europas ritt, »der aber auf seinem Rücken saß, hieß der Tod«. Viel Unglaubliches ist damals geschehen, das nicht so leicht vergessen werden sollte; denn es kam damals heraus, was im Menschen ist: Böses und Gutes, Schrecken und Trost.

Es war Heiliger Abend am Rand des Tyrrhenischen Meeres, im Schatten des Berges Vesuv, wo an der Kreuzung ausgefahrener Landwege einige Hütten sich unter dem Glanz der Sterne Italiens zusammendrängten. Und in diesen Hütten war nichts mehr zu essen – gar nichts mehr. Denn wo einmal reiche Weinberge geblüht hatten, da waren nur noch die Hufspuren des fahlen Rosses zu sehen. Aber weil Heiliger Abend war und weil die Menschen dieses kleinen Dorfes sich doch noch erinnerten, dass es eigentlich eine Nacht der Freude sein sollte, so trieb es sie zu dem verfallenen Schulhaus neben der Kirche. Hier gaben ihnen die Schwestern manchmal etwas zu essen – wenn sie konnten.

Schwester Maria Magdalena sah sie kommen: den alten Nonno Piazza, der ohnehin nur noch ein paar Tage zu leben hatte – selbst mit Essen; Rosa Armande schwerfällig von dem Kindchen, das bald zur Welt kommen sollte; Giuseppe, der als Bub heimlich in die Kirche geschlichen war, um fröhlich auf der Orgel zu spielen – jetzt war er hochgeschossen und hatte nur noch einen Arm; die anderen jungen Männer, die mit zusammengeschobenen Schultern, die Hände in den

Taschen, sich gegen den Wind vorwärts schoben; die Kinder; die mageren jungen Mädchen. Wie in einem bösen Traum sah die Schwester den schäbigen, ausgemergelten Zug auf sich zukommen. Sie sprach zu Schwester Maria Angela, die ihr über die Schulter sah: »Sie kommen. Wie ich es Ihnen gesagt habe. Und sie wissen, dass der Pater nicht hier ist; dass es keine Mitternachtsmesse gibt.«

Schwester Angela ließ ruhig ihren Rosenkranz durch die Hände laufen. »Er wird schon Hilfe finden«, sagte sie.

Der abgenutzte Vorhang blieb an Schwester Magdalenas rauen Händen hängen, als sie sich vom Fenster abwandte. »Nein. Man kann nicht mehr hoffen.«

Sie öffnete auf das zaghafte Klopfen die Tür, und die Bauern kamen herein, mit niedergeschlagenen Augen, als wollten sie sich entschuldigen, und in dumpfem Schweigen außer einem halblaut gemurmelten »Guten Abend, Sorellas«. Sie lehnten sich an die Wand des spärlich beleuchteten Zimmers, in dem der Gute Hirte stand, das gerettete Schäflein in den Armen.

Sie baten nicht um Essen. Sie standen bloß da. Wie Störche, dachte Schwester Magdalena, als sie die dürren Beinchen der Kinder sah.

»Keine Messe heute Nacht«, sagte sie. »Morgen früh kommt der Pater wieder.«

»Der Pater – er wird nichts zu essen bringen!« Es war die brüchige Stimme von Großvater Piazza, der das rote Hemd Enricos anhatte, der nun am Fuß des Hügels lag.

Sie wusste, sie hätte sagen sollen: »Hoffet weiter«, aber sie war ebenso müde, es zu sagen, wie die Bauern, es zu hören. Sie sah das Gesicht des Guten Hirten an und versuchte einen Gedanken zu verjagen, weil sie wusste, dass er ehrfurchtswidrig war: Wenn doch der Bildhauer die Wangen des Bildes ausgehöhlter gemacht hätte – so ausgehöhlt wie die Wangen ihrer Leute hier. Die Statue sah zu wohlgenährt aus. Der Gedanke kam immer wieder und wollte nicht weggehen, wie eine Fliege, die um den Esstisch brummt.

Selbst Schwester Angela blickte zu ihr hin, anstatt sich zu überlegen, was sie den Leuten sagen könnte. Selbst der Pater würde auf sie schauen, wenn er hier wäre. Sie wünschte, sie könnte hinaus in die Nacht gehen, sich irgendwo hinlegen und ruhig sterben, ohne dass Schwester Angela bleich um sie herumhuschte. Aber selbst dann würden sie sie finden. Wahrscheinlich würde gerade dann Rosa Armandis schwere Stunde da sein, und jemand würde zu ihr gelaufen kommen und sagen: »Rosa sagt, Sie wüssten, wo Windeln für das Baby wären.«

»Nichts mehr zu essen«, sagte sie schroff.

Niemand regte sich.

Großvater Piazza schüttelte es in einem Hustenanfall, und sie sah einen roten Flecken auf seiner Hand. Ein Kind wimmerte und versteckte sein Gesicht im Rock seiner Mutter. Schwester Angela räusperte sich nervös. »Geht ins Gotteshaus«, sagte sie mit ihrer geduldigen dünnen Stimme. »Betet zu ihm – und glaubt. Morgen wird sicher etwas kommen.«

Schwester Magdalena verzog den Mund. Sie hätte hinüberlangen und etwas Vernunft in Schwester Angela prügeln mögen. Jawohl, und wenn nichts kommt? Die Menschen auf Wunder hoffen lassen, das ist es, was den Glauben unterhöhlt!

Der Vater des Kindes, das seine Nase am Rock der Mutter abwischte, sagte mit leiser Stimme: »Es wäre zu jeder Zeit hart, Sorella, aber zu Weihnachten sollten die Kinder etwas Freude haben.«

Madre mia! Man möchte meinen, sie stünde mit dem lieben Gott auf Duzfuß, so dass sie ihn nur am Ärmel zu zupfen brauchte, und er würde Essen herunterfallen lassen! Sie ärgerte sich, dass sie einen Klumpen in der Kehle spürte, als der Vater das Kind aufhob und sein Gesicht dicht vor ihres hielt.

»Es ist ein Bissen Essen im Hause«, sagte sie kühl und geschäftsmäßig. »Ich gehe es holen.«

Die Augen leuchteten hoffnungsvoll auf, als sie sie durch die

Klasse auf die Küche zugehen sahen. Ihr schwarzes Habit raschelte, die weißen Flügel ihrer Haube wippten tatkräftig auf und nieder.

Als sie zurückkam, hielt sie eine einzige Kartoffel in der Hand – nicht größer als ein Gänseei.

»Der Pater hat sie von einer Reise mitgebracht«, sagte sie. »Sie gibt eine gute Suppe – für einen von euch. Wir werden die Namen auf ein Papier schreiben. Wessen Namen gezogen wird, bekommt die Kartoffel. Suchen Sie Papier und Bleistift«, wandte sie sich an Schwester Angela.

Schwester Angela huschte im Zimmer herum, fand eine alte Nummer des Kirchenblatts und riss Streifen von seinem Rand ab.

»Den Korb«, sagte Schwester Magdalena und zeigte auf die Ecke, wo der Kollektenkorb mit seinem langen Griff seit dem Tag an der Wand lehnte, als der Pater ihn dort hingestellt und gemeint hatte, sie könnten ihn ebenso gut als Nähkorb benutzen.

Schwester Magdalena ging zum Tisch, nahm Schwester Angela den Bleistift ab und klopfte scharf damit auf die Tischplatte. »Kommt her!« Wie geduldige Schafe gehorchten sie dem Befehl stillschweigend.

Sie schrieb den Namen des alten Mannes auf das erste Los. »Sieh her, Nonno, dein Name. Wirf ihn in den Korb.« Sie füllte zwei Zettel für die junge Frau mit dem Säugling aus. »Für dich und den Bambino«, sagte sie. Aber als Rosa Armandi dasselbe für sich verlangte, schüttelte sie den Kopf.

»Meines muss auch essen«, kreischte Rosa, und ihre schwarzen Augen blitzten vor Ärger.

»Nur ein Zettel, Rosa«, sagte Schwester Magdalena fest. Giuseppe kam als nächster. »Lassen Sie mich selber, Sorella«, sagte er, nahm den Bleistift, beugte sich über den Tisch und schrieb ernsthaft und sorgfältig seinen Namen mit der linken Hand.

Schwester Magdalena nickte. »Es geht schon viel besser, Giuseppe.«

Der letzte Name lag schließlich im Korb, und die kleine Gruppe trat zurück an die Wand. Schwester Magdalena mischte die Zettel mit dem Bleistift durcheinander und wandte sich an Schwester Angela. »Sie ziehen!«

Schwester Angela glitt zum Tische. Ihre Hand stahl sich wie eine weiße Taube aus ihrem Ärmel und flatterte über dem Korb. Das Stillschweigen war so tief, dass es war, als ob Großvater Piazzas rasselnder Atem die Sekunden zählte.

Die Hand senkte sich. Die Schatten an der Wand beugten sich ängstlich vor. Die Zettel raschelten auf einmal, wie von der Erwartung angezogen, nach oben. Schwester Angelas Ärmel bewegte sich in einem Windstoß. Die Hand blieb in der Luft stehen. Die Schatten wandten sich um. »Der Pater!«

Pater Donatello schloss die Tür hinter sich und lehnte sich gegen sie. Seine zusammengefallenen Schultern sprachen aus, was sie schon wussten. Der Blick, den er Schwester Magdalena zuwarf, war wie der Blick eines kleinen beschämten Buben. Er schien sich in den Kragen seines viel zu weiten Rockes verkriechen zu wollen. »Ich musste zu Fuß heimkehren«, sagte er, »während ich im Dorf bettelte, hatte ich das Pferd angebunden. Jemand hat es mitgenommen.«

Ach du Argloser; du wirst es niemals lernen, dachte Schwester Magdalena. Laut sagte sie: »Es macht nichts, Pater.«

Der junge Priester, dessen Brust noch von der Überanstrengung keuchte, wandte den Kopf nach rechts und nach links. Seine großen braunen Augen schauten fragend auf Schwester Angelas Hand, die noch über dem Korbe schwebte. »Was macht ihr?«

»Wir losen um die letzte Kartoffel«, antwortete Schwester Magdalena munter. »Machen Sie weiter, Schwester Angela!« Mit einem verzweifelten Blick auf den Pater tauchte Schwester Angela ihre Hand in den Korb und zog sie wieder heraus. Die beiden Hauben beugten sich über den Zettel. Die Schatten an der Wand warteten still und reglos. Schwester Magdalena ging um den Tisch, hob mit zierlichen Fingern die Kartoffel auf und trat auf die Wartenden zu. Am Kopf der Reihe, vor dem hochgeschossenen jungen Mann mit dem leeren Ärmel, blieb sie stehen. »Fröhliche Weihnachten, Giuseppe«, und reichte ihm die Kartoffel.

Er streckte die Hand aus und nahm die Kartoffel, und einen Augenblick lang war in seinen Augen ein Funkeln, das sie an den Knaben erinnerte, der fröhlich auf der Orgel gespielt hatte. Neben ihm stand Luzia, das junge Mädchen, das Schwester Magdalena bei sich immer »Kleine Blume« nannte, weil sie fast wie die kleine heilige Therese aussah.

»Fröhliche Weihnachten, Luzia«, sagte Giuseppe und drückte, über den leeren Ärmel hinwegreichend, ihr die Kartoffel in die Hand. Und die »Kleine Blume« schaute zu ihm auf, wie zu allen Zeiten die Frauen zu den Männern aufschauen, die sie beschützen. Sie hielt das Geschenk dicht an die Brust gedrückt, ihre Augen in Giuseppes Augen. Dann ging ein Erröten über ihr Gesicht, sie senkte den Blick und gab die Kartoffel dem alten Mann.

»Fröhliche Weihnachten, Nonno«, sagte sie leise. Großvater Nonnos höfliche Verbeugung wurde von einem wenig würdevollen Hustenanfall unterbrochen. Als der Anfall vorüber war, wischte er mit dem Rockärmel über den Mund und sah die Kartoffel an, die er auf der Handfläche vor sich trug. Er schaute auf Schwester Magdalena, aber die blickte interessiert auf die Wand über ihm. Er rieb die Kartoffel an seiner Hemdbrust, als ob er sie blank reiben wollte, und reichte sie der Mutter, die ihr Kind stillte. »Fröhliche Weihnachten, Lisa«, sagte er.

Die Frau schaute die Kartoffel nicht an. Den Kopf erhoben, auf dem Gesicht den gespannten Ausdruck von jemandem, der lauscht, reichte sie sie dem Manne, der gesagt hatte, dass an Weihnachten alles schwieriger sei. Ihr »Fröhliches Weihnachten« war wie ein Hauch.

Rosa Armandi war die letzte, und sie nahmen das als ein Zeichen. Alle beugten sich vor und sagten: »Es sollte so sein, dass du sie bekommst, Rosa – für den ungeborenen Bambino.«

Rosa Armandi starrte die Kartoffel lange an, während sie sie vor sich hin hielt, als ob sie lebendig wäre. Ihre Augen wanderten über die Reihe der ihr zugewandten Köpfe, zu Schwester Magdalena, über Schwester Magdalena hinweg. Dann ging sie zu der Statue des Guten Hirten und legte ihm die Kartoffel zu Füßen nieder.

Schwester Magdalena versuchte, nicht an die Suppe zu denken, die sie aus der Kartoffel für den Pater hätte machen können. Wie zu Schulkindern, die man zur Ordnung ermahnt, sagte sie: »Wir wollen singen.« Ihr nicht ganz tonreiner Sopran stimmte das »Adeste fideles« an. Und alle Stimmen wurden laut und kräftig beim »Venite, venite in Bethlehem«. Pater Donatellos prächtiger Bariton übertönte sie alle, als es zum »Dominum« kam.

Sie fingen von neuem an, ihre Körper bewegten sich hin und her, der Pater streckte sich auf die Zehen, die Kinder auf ihren Storchenbeinchen lärmten schrill und lustig. Giuseppe und die »Kleine Blume« sagten einander zärtliche Worte mit den Augen.

In dem Augenblick, als sie eine Pause machten, schlug jemand an die Tür und riss sie auf. Vielleicht wären die meisten von ihnen nicht überrascht gewesen, wenn ein Engel mit gefalteten Flügeln hereingekommen wäre. Sicherlich wäre Schwester Angela auf ihn losgeschossen, um ihn würdig zu begrüßen.

Da stand er auf der Schwelle – eine bärtige Vogelscheuche von einem Manne in schmutzigen, ausgebeulten Hosen, und winkte dem Pater mit dem Finger. Pater Donatello ging hinaus und schloss die Tür hinter sich. Die Gruppe drinnen flüsterte miteinander. »Vielleicht ein Kranker«, sagte Schwester Magdalena leise zur Schwester Angela, »und der Pater hat kein Pferd ...«

Die Worte waren ihr kaum über die Lippen, da trat der Pater mit der Vogelscheuche wieder ein, und auf den Armen trugen sie – Essen!

»Mangia!« Man hörte Schluchzen – und Lachen. Giuseppe schlang seinen einen Arm um die »Kleine Blume«, hob sie mühelos vom Boden auf und küsste sie kühn auf den Mund. Schwester Angela dachte gerade noch daran, schnell ein Kreuzzeichen zu machen. Die Kinder begannen zu zwitschern und im Zimmer herumzutanzen, und alle fingen an, einander etwas zuzurufen – obwohl niemand zuhörte.

»Ruhe!«, rief Pater Donatello über die auf seinen Armen bis zum Kinn aufgestapelten Päckchen hinweg. Seine Augen glänzten wie reife Oliven. »Lasst ihn erzählen, wer ihn uns geschickt hat.« Der struppige Mann lud seinen Armvoll Pakete auf den Tisch, nahm seinen Hut ab und wandte sich nach dem Pater um. »Pater«, sagte er, »vor Ihnen steht ein Sünder.«

Für ein Zimmer, das so mit Aufregung erfüllt war, trat mit überraschender Schnelligkeit Stillschweigen ein.

Der Mann blickte auf die Spitzen seiner zerrissenen Stiefel. »Heute Nachmittag habe ich im Dorf« – und er deutete die Richtung mit dem Kopf an – »ein Pferd – mitgenommen. Ich ritt nach Norden. Ich war schon früher einmal da und wusste, dass einige dort mehr zu essen haben, als sie brauchen. In der Dunkelheit habe ich bei einem Haus auf der Lauer gelegen, das ich kannte. Ich wusste, sie würden zur Messe gehen.« Und noch immer mit niedergeschlagenen Augen wies er mit der Hand auf den Tisch. »Ich habe das dort drinnen – gefunden.«

Es war so still, dass man hören konnte, wie das Kind an der Brust seiner Mutter atmete. »Ich brauchte es, für die Frau und die Kinder. Wir haben nur noch genug für ein paar Tage – gerade noch genug. Als ich hier vorbeikam und das Singen hörte, hielt ich an. Und über der Kirche stand ein Stern, Pater, größer und heller als die anderen – vielleicht sah es auch nur so aus. Trotzdem versuchte ich weiterzugehen. Aber das Pferd – es wollte nicht.«

Pater Donatello sah um zehn Jahre gealtert aus. »Gestohlen«, sagte er schwer. Er schien hinter den Paketen auf seinem Arm zusammenzuschrumpfen. Seine Augen wanderten über die ernüchterten Gesichter hin zu Schwester Magdalena.

»Der Stern ist da«, sagte sie. »Ich habe ihn gesehen. Wir brauchen den Ofen, Schwester Angela. Und, Giuseppe, Holz.«

Pater Donatellos Gesicht wurde zitternd heller, aber es blieb noch immer zweifelnd Schwester Magdalena zugewandt. Dann warf er die Pakete auf den Tisch, zog sein Taschenmesser heraus und fing an, in die Dosen kondensierter Milch Löcher zu bohren.

»Die Tassen, Schwester Angela«, befahl er.

Zum ersten Male seit langer Zeit blickte niemand zu Schwester Magdalena hin. Sie lehnte an der Wand neben dem Guten Hirten. Es war natürlich kein Wunder. Und doch – wäre der Mann fünf Minuten früher vorbeigeritten – ja, nur zwei Minuten –, so hätte er das Singen nicht gehört. Die Dinge im Zimmer fingen an zu verschwimmen. Sie klammerte sich an den Sockel der Statue und versuchte, sich zu erinnern, wann sie zum letzten Male etwas zu essen geschmeckt hatte.

Ehe sie hinfiel, sah sie mit Schrecken etwas, was sie hinterher als ein Erzeugnis ihrer bösen Einbildung hinwegzuerklären versuchte. Sie hätte schwören können, dass die Züge des Guten Hirten sich zu einem Lächeln voll des holdesten Erbarmens lösten, dass seine Augen sich zu ihr wandten – und dass er ihr zugezwinkert habe.

Brief an die Mutter

Rainer Maria Rilke

Schloß *Berg am Irchel*, Kanton Zürich, Schweiz, am 17. Dezember 1920

Meine liebe Mama,
wieder zu unserer gesegneten Stunde das liebevollste Gedächtnis vergangenster Weihnachtstage, und der Wunsch, es möchte Dir nun, nach so böser Zeit, mit jedem Jahr stillere Feste, friedlichere und endlich auch wieder solche in einem kleinen, wirklich eigenen Heim vergönnt sein!

Da dies ausgesprochen ist, ist eigentlich alles ausgesprochen, denn nun heißt's nicht lesen, sondern *in-sich-gehen* und der heiligsten Feierstunde des Jahres die Krippe im eigenen Herzen bereiten, daß sie drin, und der Heiland in ihr, recht innig wieder zur Welt kommen möge!

Was ich Dir wünsche, liebe Mama, ist, daß an diesem weihevollen Abend, das Erinnern aller Not, ja, das Bewußtsein der nahen Sorge und Unsicherheit des Daseins ganz aufgehalten und gewissermaßen aufgelöst sein möchte in jenem innersten Wissen um die Gnade, der ja keine Zeit zu dicht im Verhängnis und keine Bangheit so verschlossen ist, daß sie nicht zu *ihrer* Zeit – die *nicht* die unsrige ist! – einzutreten und das scheinbar Unüberwindliche mit ihrem milden Sieg zu durchdringen wüßte. Es gibt keinen Moment im langen Jahre, wo man sich ihre immerfort mögliche Erscheinung und dann Allgegenwärtigkeit so lebhaft ins Gemüt zu rufen vermöchte, wie diese über die Jahrhunderte hin unabhängige Winter-Nacht, die durch die unvergleichliche

Hinzukunft jenes alle Wesen umwandelnden Kindes die Summe aller übrigen Erdenmächte an Wert mit einem Schlag überwog und übertraf. Mag der leichte Sommer, wo das Dasein um ein Beträchtliches erträglicher und mühloser scheint, wo wir nicht so unmittelbar Anfeindung aus der Luft und aus der heiter beschäftigten Natur uns zu erwehren haben –, mag der glücklichere Sommer uns mit Tröstungen verwöhnen, – was sind sie alle gegen die unermeßlichen Trost-Schätze dieser außen unscheinbaren, ja armen Nacht, die nach innen zu plötzlich offen steht, wie ein Alle umfassendes und wärmendes Herz und die wirklich mit Schlägen ihres glockentönigen Herzens antwortet auf unser Hinein-Horchen in den innersten Gewahrsam!

Alle Verkündigungen der Vorzeit reichten nicht hin, *diese* Nacht anzusagen, alle Hymnen, die zu ihrem Preise gesungen worden sind, reichten nicht an die Stille und Spannung heran, in der Hirten und Könige niederknieten –, so wie ja auch wir, keiner von uns, je imstande gewesen ist, während diese Wunder-Nacht ihm geschieht, die Maße seines Lebens anzugeben.

Es ist so recht das Mysterium von dem knieenden, von dem tief knieenden Menschen: daß er größer sei, seiner geistigen Natur nach, als der stehende! welches in dieser Nacht gefeiert wird! Der Knieende, der sich ganz ans Knieen gibt, verliert allerdings das Maß seiner Umgebung, selbst aufschauend wüßte er nicht mehr zu sagen, was groß und was klein ist. Aber ob er gleich in seiner Abgebogenheit kaum die Höhe eines Kindes hat, so ist er, dieser Knieende, doch nicht klein zu nennen. Mit ihm verschiebt sich die Skala, denn er, indem er der eigentümlichen Schwere und Kraft in seinen Knieen folgt und die Stellung einnimmt, die sich zu ihnen hinbezieht, gehört bereits zu jener Welt, in der Höhe – Tiefe ist, – und wenn schon Höhe unserem Blick und unseren Apparaten unermeßlich bleibt –: Wer ermäße die Tiefe?

Dieses aber ist die Nacht der aufgetanen strahlenden Tiefe –: Möge sie Dir, liebe Mama, geweiht und gesegnet sein. Amen.

Für die Sechs-Uhr-Stunde der Weihnacht 1920 *René.*

RAINER MARIA RILKE

Die Heilige Nacht

PETER ROSEGGER

DIE LANGEN ADVENTSNÄCHTE WAREN BEI UNS IMMER SEHR KURZ. Bald nach zwei Uhr begann es im Hause unruhig zu werden. Oben auf dem Dachboden hörte man die Knechte, wie sie sich ankleideten und umhergingen, und in der Küche brachen die Mägde Späne ab und schürten am Herde. Dann gingen sie alle auf die Tenne zum Dreschen.

Auch die Mutter war aufgestanden und hatte in der Stube Licht gemacht; bald darauf erhob sich der Vater, und sie zogen Kleider an, die nicht ganz für den Werktag und auch nicht ganz für den Feiertag waren. Dann sprach die Mutter zur Ahne, die im Bett lag, einige Worte, und wenn ich, erweckt durch die Unruhe, auch irgendeine Bemerkung tat, so gab sie mir bloß zur Antwort: »Sei du nur schön still und schlaf!« – Dann zündeten meine Eltern eine Laterne an, löschten das Licht in der Stube aus und gingen aus dem Hause. Ich hörte noch die äußere Tür gehen, und ich sah an den Fenstern den Lichtschimmer vorüberflimmern, und ich hörte das Ächzen der Tritte im Schnee, und ich hörte auch das Rasseln des Kettenhundes. – Dann wurde es wieder ruhig, nur das dumpfe, gleichmäßige Pochen der Drescher war zu vernehmen, und ich schlief wieder ein.

Der Vater und die Mutter gingen in die fast drei Stunden entfernte Pfarrkirche zur Rorate. Ich träumte ihnen nach.

Je mehr wir dem Feste nahten, umso unruhiger wurde es im Haus. Die Knechte trieben das Vieh aus dem Stall und gaben frische Streu hinein und stellten die Barren und Krippen zurecht; der Halterbub striegelte die Ochsen, daß sie ein glattes Aussehen bekamen; der Futterbub mischte mehr Heu in das Stroh als gewöhnlich und bereitete davon einen ganzen Stoß in der Futterkammer. Die Kuhmagd tat das gleiche. Das Dreschen hatte schon einige Tage früher aufgehört, weil man durch den Lärm die nahen Feiertage zu entheiligen geglaubt hätte.

Im ganzen Haus wurde gewaschen und gescheuert, selbst in die Stube kamen die Mägde mit ihren Wasserkübeln und Strohwischen und Besen hinein. Ich freute mich immer sehr auf dieses Waschen, weil ich es gern hatte, wie alles drunter und drüber gekehrt wurde, und weil die Glasbilder im Tischwinkel, die braune Schwarzwälderuhr mit ihrer Metallschelle und andere Dinge, die ich sonst immer nur von der Höhe zu sehen bekam, herabgenommen und mir nähergebracht wurden, so daß ich alles viel genauer und von verschiedenen Seiten betrachten konnte. Endlich nahm das Waschen und Scheuern und Glätten ein Ende, im Haus wurde es ruhiger, fast still, und der Heilige Abend war da. Das Mittagmahl am Heiligen Abend wurde nicht in der Stube eingenommen, sondern in der Küche, wo man sich um das Nudelbrett herumsetzte und das einfache Fastengericht still, aber mit gehobener Stimmung verzehrte.

Der Tisch in der Stube war mit einem schneeweißen Tuch bedeckt, und vor dem Tisch stand mein Schemel, auf welchen sich zum Abend, als die Dämmerung einbrach, die Ahne hinkniete und still betete.

Mägde gingen leise durch das Haus und bereiteten ihre Festtagskleider vor, und die Mutter tat in einen großen Topf Fleischstücke, goß Wasser dazu und stellte sie zum Herdfeuer. Ich schlich in der Stube auf den Zehenspitzen herum und hörte nichts als das lustige Prasseln des Feuers in der Küche. Ich blickte auf meine Sonntagshöschen und auf das Jöpperl und auf das schwarze Filzhütlein, das schon an einem Nagel an der Wand hing, und dann blickte ich durch das Fenster in die hereinbrechende Dunkelheit hinaus. Wenn kein ungestümes Wetter eintrat, so durfte ich in der Nacht mit dem Großknecht in die Kirche gehen. Und das Wetter war ruhig, und es würde auch, wie der Vater sagte, nicht allzu kalt werden, weil auf den Bergen Nebel lag.

Unmittelbar vor dem »Rauchengehen«, in welchem Haus und Hof nach alter Sitte mit Weihwasser und Weihrauch besegnet werden, hatten der Vater und die Mutter einen kleinen Streit. Die Mooswaberl war da gewesen, hatte glückselige Feiertage gewünscht, und die Mutter hatte ihr für den Festtag ein Stück Fleisch geschenkt. Darüber war der Vater etwas ungehalten; er war sonst ein Freund der Armen und gab ihnen nicht selten mehr, als unsere Verhältnisse erlauben wollten, aber der Mooswaberl sollte man seiner Meinung nach kein Almosen reichen. Die Mooswaberl war ein Weib, welches gar nicht in die Gegend gehörte, welches unbefugt in den Wäldern umherstrich, Moos und Wurzeln sammelte, in halb verfallenen Köhlerhütten Feuer machte und schlief. Daneben zog sie bettelnd zu den Bauernhöfen, wollte Moos verkaufen, und da sie keine Geschäfte machte, weinte sie und verfluchte das Leben. Kinder, die sie ansah, fürchteten sich entsetzlich vor ihr, und viele wurden gar krank; Kühen tat sie an, daß sie rote Milch gaben.

Wer ihr eine Wohltat erwies, den verfolgte sie einige Minuten und sagte ihm: »Tausend und tausend Vergeltsgott bis in den Himmel hinauf.«

Wer sie aber verspottete oder sonst auf irgendeine Art beleidigte, zu dem sagte sie: »Ich bete dich hinab in die unterste Hölle!«

Die Mooswaberl kam oft zu unserem Haus und saß gern vor demselben auf dem grünen Rasen oder auf dem Querbrett des Zaunstiegels (Überstieg über den Zaun), trotz des heftigen Bellens und Rasselns unseres Kettenhundes, der sich gegen dieses Weib besonders unbändig zeigte. Aber die Mooswaberl saß so lange vor dem Haus, bis die Mutter ihr eine Schale Milch oder ein Stück Brot oder beides hinaustrug. Meine Mutter hatte es gern, wenn das Weib sie durch ein tausendfaches Vergeltsgott bis in den Himmel hinaufwünschte. Als man draußen im Dorf vor Jahren das Schulhaus gebaut hatte, war dieses

Weib mit ihrem Mann in die Gegend gekommen und hatte dabei geholfen, bis einst der Mann bei einer Steinsprengung getötet wurde. Seit dieser Zeit arbeitete sie nicht mehr, und sie zog auch nicht fort, sondern trieb sich umher, ohne daß man wußte, was sie tat und was sie wollte. Zum Arbeiten war sie nicht mehr zu bringen; sie schien geisteskrank zu sein.

Der Richter hatte die Mooswaberl schon mehrmals aus der Gemeinde gewiesen, aber sie war immer wieder zurückgekommen. »Sie würde nicht mehr zurückgekommen sein«, sagte mein Vater, »wenn sie in dieser Gegend nichts gebettelt bekäme. So wird sie hier verbleiben, und wenn sie alt und krank ist, müssen wir sie auch hegen und pflegen; das ist ein Kreuz, welches wir uns selbst an den Hals gebunden haben.«

Die Mutter sagte nichts zu solchen Worten, sondern sie gab der Mooswaberl, wenn sie kam, immer das gewohnte Almosen, und heute etwas mehr, zu Ehren des hohen Festes.

Darum also war der kleine Streit zwischen Vater und Mutter, der aber alsogleich verstummte, als zwei Knechte mit dem Rauch- und Weihwassergefäß in das Haus kamen.

Nach dem Rauchen stellte der Vater ein Kerzenlicht auf den Tisch, Späne durften heute nur in der Küche gebrannt werden. Das Nachtmahl wurde schon wieder in der Stube eingenommen. Der Großknecht erzählte während desselben wundersame Geschichten.

Nach dem Abendmahl sang die Mutter ein Hirtenlied. So wonnevoll ich sonst diesen Liedern lauschte, heute dachte ich immer nur an den Kirchgang, und ich wollte durchaus schon den Sonntagsstaat anziehen. Man sagte, es sei noch später Zeit dazu, aber endlich gab die Ahne meinem Drängen doch nach und zog mich an. Der Stallknecht kleidete sich sehr sorgsam in seinen Festtagsanzug, weil er nach dem Mitternachtsgottesdienst nicht nach Hause gehen, sondern im Dorf den Morgen abwarten wollte. Gegen neun Uhr waren auch die anderen Knechte und Mägde bereit und zündeten am Kerzenlicht eine

Spanlunte an. Ich hielt mich an den Großknecht, und meine Eltern und meine Großmutter, welche daheim blieben, um das Haus zu hüten, besprengten mich mit Weihwasser und sagten, daß ich nicht fallen und nicht erfrieren möge.

Dann gingen wir.

Es war sehr finster, und die Lunte, welche der Stallknecht vorantrug, warf ihr rotes Licht in einer großen Scheibe auf den Schnee und auf den Zaun und auf die Steinhaufen und Bäume, an denen wir vorüberkamen. Mir kam dieses rote Leuchten, das zudem noch durch die großen Schatten unserer Körper unterbrochen war, grauenhaft vor, und ich hielt mich sehr ängstlich an den Großknecht, so daß dieser einmal sagte: »Aber hörst, meine Joppe mußt du mir lassen, was tät ich denn, wenn du mir sie abrissest?«

Der Pfad war eine Zeit lang sehr schmal, so daß wir hintereinander gehen mußten, wobei ich nur froh war, daß ich nicht der letzte war, denn ich bildete mir ein, daß dieser unendlichen Gefahren wegen der Gespenster ausgesetzt sein müsse.

Eine schneidende Luft ging, und die glimmenden Splitter der Lunte flogen weithin, und selbst als sie auf die harte Schneekruste fielen, glommen sie noch eine Weile fort.

Endlich kamen wir zu einer breiten Straße, wo wir nebeneinander gehen konnten und wo wir dann und wann ein Schuttengeschelle hörten. Dem Stallknecht war die Lunte bereits bis zu der Hand herabgebrannt, und er zündete nun eine neue an, die er vorrätig hatte. Auf der Straße sah man nun auch mehrere andere Lichter, große rote Fackeln, die heranloderten, als schwämmen sie in der schwarzen Luft, und hinter denen nach und nach mehrere Gesichter auftauchten, von Kirchengehern, die sich nun auch zu uns gesellten.

Als wir eine lange Weile auf der Straße fortgegangen waren, hörte ich auf den Baumwipfeln plötzlich ein leises Klingen. Als ich horchen wollte, hörte ich es nicht, aber bald darauf hörte ich es wieder und deutlicher als das erste Mal. Es war der Ton des kleinen Glöcklein vom

Turm der Kirche. Die Lichter, die wir nun auf den Bergen und im Tal sahen, wurden immer häufiger, und nun merkten wir es auch, daß sie alle der Kirche zueilten. Auch die kleinen, ruhigen Sterne der Laternen schwebten heran, und auf der Straße wurde es immer lebhafter. Das kleine Glöcklein wurde durch ein größeres abgelöst. An der Kirche steckten die Leute die Lunten umgekehrt in den Schnee, daß sie erloschen, nur eine wurde zwischen zwei Steine der Friedhofsmauer geklemmt und brennen gelassen.

Jetzt klang auf dem Turm in langsamem, gleichmäßigem Wiegen schon die große Glocke. Aus den schmalen, hohen Kirchenfenstern fiel heller Schein. Ich wollte in die Kirche, aber der Großknecht sagte, es habe noch Zeit, und blieb stehen und sprach und lachte mit anderen Burschen und stopfte sich eine Pfeife an. Endlich klangen alle Glocken zusammen, in der Kirche begann die Orgel zu tönen, und nun gingen wir hinein.

Das sah ganz anders aus als an den Sonntagen. Die Lichter, die auf dem Altar brannten, waren hellweiße, funkelnde Sterne, und der vergoldete Tabernakel strahlte gar herrlich zurück. Die Ampel des Ewigen Lichtes war rot. Der obere Raum der Kirche war so dunkel, daß man die schönen Verzierungen des Schiffes nicht sehen konnte. Die dunklen Gestalten der Menschen saßen in den Stühlen oder standen daneben; die Weiber waren sehr in Tücher eingeschlagen und husteten. Viele hatten Kerzen vor sich brennen und sangen aus ihren Büchern mit, als auf dem Chor das Tedeum ertönte. Der Großknecht führte mich durch die zwei Reihen der Stühle gegen einen Nebenaltar, wo schon mehrere Leute standen. Dort hob er mich auf einen Schemel zu einem Glaskasten empor, der, von zwei Kerzen beleuchtet, zwischen zwei aufgesteckten Tannenwipfeln stand und den ich früher, wenn ich mit den Eltern in die Kirche kam, nie gesehen hatte. Als mich der Großknecht auf den Schemel gehoben hatte, sagte er mir leise ins Ohr: »So, jetzt kannst das Krippel anschauen.« Dann ließ er mich stehen, und ich schaute durch das Glas. Da kam ein Weiblein zu mir und sagte leise: »Ja, Kind, wenn du das anschauen willst, so muß dir's auch jemand auslegen.« Und sie erklärte mir die kleinen Gestalten.

Außer der Mutter Maria, welche über den Kopf ein blaues Tuch geschlagen hatte, das bis zu den Füßen hinabging, waren alle Gestalten, welche Menschen vorstellen sollten, so gekleidet wie unsere Knechte oder wie ältere Bauern. Der heilige Joseph selbst trug grüne Strümpfe und eine kurze Gamslederhose.

Als das Tedeum zu Ende war, kam der Großknecht wieder, hob mich von dem Schemel, und wir setzten uns in einen Stuhl. Dann ging der Kirchenmann herum und zündete alle Kerzen an, die in der Kirche waren, und jeder Mensch, auch der Großknecht, zog nun ein Kerzlein aus dem Sack und zündete es an und klebte es vor sich auf das Pult. Jetzt war es so hell in der Kirche, daß man auch die vielen schönen Verzierungen an der Decke genau sehen konnte.

Auf dem Chor stimmte man Geigen und Trompeten und Pauken, und als an der Sakristeitür das Glöcklein klang und der Pfarrer in funkelndem Meßkleid, begleitet von Ministranten und rot bemäntelten Windlichtträgern, über den purpurroten Fußteppich zum Altare ging, da rauschte die Orgel in ihrem ganzen Vollklang, da wirbelten die Pauken und schmetterten die Trompeten.

Weihrauch stieg auf und hüllte den ganzen lichterstrahlenden Hochaltar in einen Schleier. – So begann das Hochamt, und so strahlte und tönte und klang es um Mitternacht. Beim Offertorium waren alle Instrumente still, nur zwei helle Stimmen sangen ein liebliches Hirtenlied, und während des Benediktus jodelten eine Klarinette und zwei Flügelhörner langsam und leise den Wiegengesang. Während des Evangeliums und der Wandlung hörte man auf dem Chor den Kuckuck und die Nachtigall wie mitten im sonnigen Frühling. Als endlich das Amt seinem Ende nahte, erloschen nach und nach die Kerzlein in den Stühlen, und der Kirchenmann ging wieder herum und dämpfte mit seinem Blechkäppchen an den Wänden und Bildern und Altären die Lichter aus. Die am Hochaltar brannten noch, als auf dem

Chor der letzte freudenreiche Festmarsch erscholl und sich die Leute aus der weihrauchduftenden Kirche drängten.

Als wir in das Freie kamen, war es trotz des dichten Nebels, der sich von den Bergen niedergesenkt hatte, nicht mehr ganz so finster wie vor Mitternacht. Es mußte der Mond aufgegangen sein; man zündete keine Fackeln mehr an. Es schlug ein Uhr, aber der Schulmeister läutete schon die Betglocke zum Christmorgen.

Ich warf noch einen Blick auf die Kirchenfenster; aller Festglanz war erloschen, ich sah nurmehr den matten, rötlichen Schimmer des Ewigen Lichtes.

Als ich mich dann wieder an den Rock des Großknechtes halten wollte, war der Knecht nicht mehr da, einige fremde Leute waren um mich, die miteinander sprachen und sich sofort auf den Heimweg machten. Mein Begleiter mußte schon voraus sein; ich eilte ihm nach, lief schnell und an mehreren Leuten vorüber, auf daß ich ihn bald einhole. Ich lief, so sehr es meine kleinen Füße konnten, ich kam durch den finsteren Wald, und ich kam über Felder, über welche scharfer Wind blies, so daß ich, wie warm mir sonst war, von Nase und Ohren fast nichts mehr fühlte. Ich kam an Häusern und Baumgruppen vorüber, die Leute, die früher noch auf der Straße gegangen waren, verloren sich rasch nach und nach, und ich war allein, und den Großknecht hatte ich noch immer nicht erreicht. Ich dachte, daß er auch hinter mir sein könne, doch ich beschloß, geradewegs nach Hause zu eilen. Auf der Straße lagen hier und da schwarze Punkte: die Kohlen der Spanfackeln, welche die Leute auf dem Kirchweg abgeschüttelt hatten. Die Gesträuche und Bäumchen, die neben dem Weg standen und unheimlich aus dem Nebel emportauchten, beschloß ich gar nicht anzusehen, ich fürchtete mich davor. Besonders in Angst war ich oft, sooft ein Pfad quer über die Straße ging, weil das ein Kreuzweg war, an dem in der Christnacht gern der Böse steht und klingende Schätze bei sich hat, um arme Menschenkinder dadurch mit sich zu locken. Der Stallknecht hatte zwar gesagt, er glaube nicht daran, aber geben mußte es denn doch dergleichen Dinge, sonst könnten die Leute nicht so viel davon sprechen. – Ich war aufgeregt, ich wendete meine Augen nach allen Seiten, ob nicht irgendwo ein Gespenst auf mich zukomme. Endlich nahm ich mir vor, gar nicht mehr an solches Zeug zu denken, aber je fester ich das beschloß, desto mehr dachte ich daran.

Nun war ich zum Pfad gekommen, der mich von der Straße abwärts durch den Wald und in das Tal führen sollte. Ich bog ab und eilte unter den langästigen Bäumen dahin. Die Wipfel rauschten stark, und dann und wann fiel ein Schneeklumpen neben mir nieder. Stellenweise war es auch so finster, daß ich kaum die Stämme sah, wenn ich nicht daran stieß, und daß ich den Pfad verlor. Anfangs war der Boden hübsch glatt; aber allmählich begann er steil und steiler zu werden, und unter dem Schnee war viel Gestrüpp und hohes Heidekraut. Die Baumstämme standen nicht mehr so regelmäßig, sondern zerstreut, manche schiefhängend, manche mit aufgerissenen Wurzeln an anderen lehnend, manche mit wild und wirr aufragenden Ästen am Boden liegend. Das hatte ich nicht gesehen, als wir aufwärts gingen. Ich konnte oft kaum weiter, ich mußte mich durch das Gesträuch und Geäst durchschwingen. Oft brach der Schnee ein, das steife Heidekraut reichte mir bis zur Brust.

Schneeschollen fielen mir in das Rocksäcklein, Schnee legte sich an die Höschen und Strümpfe, und das Wasser rann mir in die Schuhe hinab. Zuerst war ich durch das Klettern über das Gefälle und das Kriechen im Gesträuch müde geworden, aber nun war auch die Müdigkeit verschwunden; ich achtete nicht den Schnee, und ich achtete nicht das Heidekraut und Gesträuch, das mir oft rau über das Gesicht fuhr, sondern ich eilte weiter. Oft fiel ich zu Boden, aber ich raffte mich schnell auf. Auch alle Gespensterfurcht war weg; ich dachte an nichts als an das Tal und an unser Haus. Ich wußte nicht, wie lange ich mich so durch die Wildnis fortwand, aber ich fühlte mich kräftig und behändig, die Angst trieb mich vorwärts.

Plötzlich stand ich vor einem Abgrund. In dem Abgrund lag grauer

Nebel, aus welchem einzelne Baumwipfel emportauchten. Um mich hatte sich der Wald gelichtet, über mir war es heiter, und am Himmel stand der Halbmond. Mir gegenüber und weiter im Hintergrund waren nichts als seltsame, kegelförmige Berge.

Unten in der Tiefe mußte das Tal mit der Mühle sein; mir war, als hörte ich das Tosen des Baches, aber es war das Rauschen des Windes in den jenseitigen Wäldern. Ich ging rechts und links und suchte einen Fußsteig, der mich abwärts führte, und ich fand eine Stelle, an welcher ich mich durch Geröll, welches vom Schnee befreit dalag, und durch Wacholdergesträuch hinabzulassen versuchte. Das gelang mir auch eine Strecke, doch noch zur rechten Zeit hielt ich mich an einer Wurzel, fast wäre ich über eine senkrechte Wand gestürzt. Nun konnte ich nicht mehr vorwärts. Ich ließ mich aus Mattigkeit zu Boden. In der Tiefe lag der Nebel mit den schwarzen Baumwipfeln. Außer dem Rauschen des Windes in den Wäldern hörte ich nichts. Ich wußte nicht, wo ich war. Wenn jetzt ein Reh käme, ich würde es fragen nach dem Weg, vielleicht könnte es ihn mir weisen, in der Christnacht reden ja Tiere menschliche Sprache!

Ich erhob mich, um wieder aufwärts zu klettern; ich machte das Geröll locker und kam nicht vorwärts. Mich schmerzten Hände und Füße. Nun stand ich still und rief, so laut ich konnte, nach dem Großknecht. Meine Stimme fiel von den Wäldern und Wänden lang gezogen und undeutlich zurück.

Dann hörte ich wieder nichts als das Rauschen des Windes. Der Frost schnitt mir in die Glieder.

Nochmals rief ich mit aller Macht den Namen des Großknechtes.

Wieder nichts als der langgezogene Widerhall. Nun überkam mich eine fürchterliche Angst. Ich rief schnell hintereinander meine Eltern, meine Ahne, alle Knechte und Mägde unseres Hauses. Es war vergebens.

Nun begann ich kläglich zu weinen.

Bebend stand ich da, und mein Körper warf einen langen Schatten schräg abwärts über das nackte Gestein. Ich ging an der Wand hin und her, um mich etwas zu erwärmen, ich betete laut zum heiligen Christkind, daß es mich erlöse.

Der Mond stand hoch am dunklen Himmel.

Ich konnte nicht mehr weinen und beten, ich konnte mich auch kaum mehr bewegen, ich kauerte mich zitternd an einen Stein und dachte: Nun will ich schlafen, das ist alles nur ein Traum, und wenn ich erwache, bin ich daheim oder im Himmel.

Da hörte ich plötzlich ein Knistern über mir im Wacholdergesträuch, und bald darauf fühlte ich, wie mich etwas berührte und emporhob. Ich wollte schreien, aber ich konnte nicht, die Stimme war wie eingefroren. Aus Furcht und Angst hielt ich die Augen fest geschlossen. Auch Hände und Füße waren mir wie gelähmt, ich konnte sie nicht bewegen. Mir war warm, und mir kam vor, als ob sich das ganze Gebirge mit mir wiegte.

Als ich zu mir kam und erwachte, war noch Nacht, aber ich stand an der Tür meines Vaterhauses, und der Kettenhund bellte heftig. Eine Gestalt hatte mich auf den festgetretenen Schnee gleiten lassen, pochte dann mit dem Ellbogen gewaltig an die Tür und eilte davon. Ich hatte diese Gestalt erkannt – es war die Mooswaberl gewesen.

Die Tür ging auf, und die Ahne stürzte mit den Worten auf mich zu: »Jesus Christus, da ist er ja!«

Sie trug mich in die warme Stube, aber von dieser schnell wieder zurück in das Vorhaus; dort setzte sie mich auf einen Trog, eilte dann hinaus vor die Tür und machte durchdringliche Pfiffe.

Sie war ganz allein zu Hause. Als der Großknecht von der Kirche zurückgekommen war und mich daheim nicht gefunden hatte, und als auch die anderen Leute kamen und ich bei keinem war, gingen sie alle hinab in den Wald und in das Tal und jenseits hinauf zur Straße und nach allen Richtungen. Selbst die Mutter war mitgegangen und hatte überall, wo sie ging und stand, meinen Namen gerufen.

Nachdem die Ahne glaubte, daß es mir nicht mehr schädlich sein konnte, trug sie mich wieder in die warme Stube, und als sie mir die

Schuhe und Strümpfe auszog, waren diese ganz zusammen- und fast an die Füße gefroren. Hierauf eilte sie nochmals ins Freie und machte wieder ein paar Pfiffe und brachte dann in einem Kübel Schnee herein und stellte mich mit bloßen Füßen in diesen Schnee.

Als ich in dem Schnee stand, fühlte ich in den Zehen einen so heftigen Schmerz, daß ich stöhnte, aber die Ahne sagte: »Das ist schon gut, wenn du Schmerz hast, dann sind dir die Füße nicht erfroren.«

Bald darauf strahlte die Morgenröte durch das Fenster, und nun kamen nach und nach die Leute nach Hause, zuletzt aber der Vater, und zuallerletzt, als schon die rote Sonnenscheibe über der Wechselalpe aufging und als die Ahne unzählige Male gepfiffen hatte, kam die Mutter. Sie ging an mein Bettlein, in welches ich gebracht worden war und an welchem der Vater saß. Sie war ganz heiser.

Sie sagte, daß ich nun schlafen sollte, und verdeckte das Fenster mit einem Tuch, auf daß mir die Sonne nicht in das Gesicht scheine. Aber der Vater meinte, ich solle noch nicht schlafen, er wolle wissen, wie ich mich von dem Knecht entfernt habe, ohne daß er es merkte, und wo ich herumgelaufen sei? Ich erzählte sofort, wie ich den Pfad verloren hatte, wie ich in die Wildnis kam, und als ich von dem Mond und von den schwarzen Wäldern und von dem Windrauschen und von dem Felsenabgrund erzählte, da sagte der Vater halblaut zu meiner Mutter: »Weib, sagen wir Gott Lob und Dank, daß er da ist, er ist auf der Trollwand gewesen!«

Nach diesen Worten gab mir die Mutter einen Kuß auf die Wangen, wie sie es nur selten tat, und dann hielt sie ihre Schürze vor das Gesicht und ging davon.

»Ja, du Donnersbub, und wie bist denn heimkommen?«, fragte mich der Vater. Darauf sagte ich, daß ich das nicht wisse, daß ich nach langem Schlafen und Wiegen auf einmal vor der Haustür gewesen und daß die Mooswaberl neben mir gestanden. Der Vater fragte mich noch einmal über diesen Umstand, aber ich antwortete, daß ich nichts Genaueres darüber sagen könne.

Peter Rosegger

Nun sagte der Vater, daß er in die Kirche zum Hochgottesdienst gehe, weil heute der Christtag sei, und daß ich schlafen solle.

Ich muß darauf viele Stunden geschlafen haben, denn als ich erwachte, war draußen Dämmerung, und in der Stube war es fast finster. Neben meinem Bett saß die Ahne und nickte, von der Küche herein hörte ich das Prasseln des Herdfeuers.

Später, als die Leute beim Abendmahl saßen, war auch die Mooswaberl am Tisch.

Auf dem Kirchhof, über dem Grabhügel ihres Mannes, war sie während des Vormittagsgottesdienstes gekauert, da trat nach dem Hochamt mein Vater zu ihr hin und nahm sie mit in unser Haus.

5

Eine Zeit ist gekommen

WAS WAR, WAS WIRD

Neujahrsspruch

FRIEDRICH VON LOGAU

Abermals ein neues Jahr!
Immer noch die alte Not!
O das alte kommt von uns,
und das neue kommt von Gott!

Gottes Güt' ist immer neu
immer alt ist unsre Schuld ...
neue Reu' verleih uns, Herr,
und beweis uns alte Huld!

FRIEDRICH VON LOGAU

Der Silvesterabend

Adalbert Stifter

»Silvesterabend ist«, sagen die Leute, »ein Jahr ist in einigen Stunden aus, und ein neues beginnt.«

»Es ist ein wichtiger Zeitabschnitt«, sagen die andern, »er hat das, er hat jenes gebracht, was wird der neue bringen?«

Und wie viele fragen: »Was ist die Zeit?«

Und ich, wenn wir von so etwas Ungeheurem reden, von einem Abschnitte der Zeit, frage: »Was ist die Zeit?« – »Und kann man sie abschneiden und zerschneiden?«

Unzählige Millionen Menschen lebten und leben in der Zeit, sprachen und sprechen von der Zeit, und meinen, wenn sie die Frage hören, was ist die Zeit, die Antwort auf der Zunge zu haben: und kein Sterblicher weiß es, was die Zeit ist.

Sie ist das Geheimnis der ganzen Schöpfung, wir sind in sie eingehüllt, kein Pulsschlag, kein Blick der Augen, kein Zucken einer Fiber ist außer ihr, wir können nicht aus ihr heraus, und wissen nicht, was sie ist. Kann ein Gedanke außer der Zeit sein?

Man glaubt, es meinen zu dürfen. Der Gedanke ist da, er ist er selbst, unabhängig von allem. Aber ich sage, kann der Gedanke nicht sein wie der Blitz, nur unendlich schneller, daß wir die Dauer seines Werdens und Seins nicht messen können und daher glauben, er ist nicht in der Zeit, und er ist es doch?

Und hat die Zeit nicht einen Bruder, der so furchtbar ist wie sie, den Raum? Was ist der Raum?

»Die Ausdehnung nach allen Richtungen«, sagt der Mathematiker. Er hat die Frage von dem Worte Raum auf das Wort Ausdehnung geschoben. Was ist Ausdehnung?

Ist es ein Außer- und Nebeneinandersein, dann ist es ein Sein im Raume und nicht der Raum. Ist es ein Fortstreben nach allen Richtungen hin, so ist es ein Streben im Raume und nicht der Raum. Ist es ein Fortdenken, Fortvorstellen nach allen Richtungen, so ist es doch heimlich ein Fortschieben eines Beweglichen im Raume und nicht der Raum. Und endlich Richtung. Ist nicht Richtung schon selber wieder Raum oder im Raume?

Der Raum steht so einsam und unerforscht da wie früher. Und wenn der Mathematiker nicht seine Linien in ihm zöge, und seine Flächen aufstellte, und ihn begrenzte, so wäre er für ihn nicht vorhanden, wie er zwischen unsern Augen und den Himmelskörpern für uns nicht nach seiner Größe vorhanden ist, und wenn keine Sterne wären, für uns gar nicht vorhanden wäre.

Und meint nicht jeder Mensch, er wisse, was der Raum ist, und mißt nicht jeder den Raum? Freilich mit einem Dinge, das wieder im Raume ist. Und wo wir uns mit den Augen nicht notdürftig von Ding zu Ding fortschätzen, oder mit den Händen oder mit Werkzeugen von Ding zu Ding hingreifen und hintappen können, dort ist all unser Meinen und Ahnen bezüglich des Raumes ein Unsinn. Hat sich nicht jener griechische Weise vermessen, zu sagen, die Sonne sei etwa gar so groß wie der Peloponnes? Und ist er nicht von seinen Landsleuten verketzert worden, daß er sie zu groß achte? Der Mathematiker hat seitdem Werkzeuge zu Wahrnehmungen erfunden, die ihm die Grundlagen zu seinen Rechnungen geben, und die Rechnungen sagen, daß der Peloponnes auf der Erdkugel ein Pünktchen ist, und daß eine Million Erdkugeln im Bauche der Sonne Platz haben. Was ist es nun mit den Meinungen über den Raum? Die Rechnungen sagen, daß um diese Sonne in ungeheuern Entfernungen Planeten herumgehen, und dem erschrocknen Rechner sagen die Rechnungen, daß dieses ganze

Sonnensystem im Bauche des Sternes Capella Platz hätte. Und die Capella ist im Raume ihrer nächsten um sie sichtbaren Sterne wieder nur ein Punkt. Was ist es nun mit dem Raume? Wer dem Weltgebäude seine Betrachtung widmet, muß sich die Frage stellen: Ist die Sternsammlung im Raume, ist sie begrenzt, und ist um sie der leere Raum, und wo dieser aufhört, geht er dort wieder fort, und wo er wieder aufhört, geht er wieder fort, und so ohne Ende? Das verstehen wir nicht. Oder: Ist der Raum mit Welten erfüllt, immer fort, ohne Grenze? Das verstehen wir auch nicht. Was ist es nun mit dem Raume?

Und doch scheint uns allen der Raum noch weit faßlicher als die Zeit. Er steht vor uns stille, während die Zeit uns unaufhörlich aus den Händen schlüpft.

Wir sagen: Die Zeit ist vergangen, sie vergeht, sie wird kommen. Wir reden von einer Vergangenheit, von einer Gegenwart und von einer Zukunft.

Die Menschen haben sogar begonnen, die Zeit zu messen, und zwar mit Zeitteilchen, die sie für gleich lang hielten. Die älteste Messung mag die sein von einem Aufgange der Sonne zum andern. Das nannten sie einen Tag. Aber bald mußten sie sehen, daß die Zeit des Sonnenaufganges wechselt. Ein Stern, der heute mit der Sonne zugleich aufgeht, geht nach einer Zeit nicht mehr mit ihr auf. Sie machten künstliche Vorrichtungen zur Zeitmessung. Eine gewisse Menge Wasser soll, um durch eine kleine Öffnung auszufließen, immer dieselbe Zeit brauchen; aber Kälte und Wärme macht das Wasser schwerer oder leichter fließen, und erweitert oder verengert die Öffnung, und das Wasser verdünstet auch beständig. Sand ist noch unzuverlässiger. Man machte mechanische Werkzeuge, welche regelmäßige Veränderungen darstellen; aber Reibung, Unvollständigkeit des Stoffes beeinflußen die Veränderungen. Pendelschwingungen sollen die Zeit messen; aber die Dauer einer Schwingung hängt von der Länge des Pendels und dem Widerstande der Luft ab, und Kälte und Wärme macht das Pendel kürzer oder länger, und verdichtet oder verdünnt die

Luft. Man blieb für das Leben bei den Wandlungen der Himmelskörper. Ein Umlauf der Erde um die Sonne ist ein Jahr; aber die Erde läuft eine Anzahl Tage, Stunden, Minuten, Sekunden um die Sonne. Dies brachte wieder Verwirrung, und machte Einschaltungen, Ausbesserungen nötig. Den Tag teilte man in 24 gleiche Teile: Stunden. Man rechnete auch nach Vollmonden. Diese gehen aber wieder nicht in dem Jahre auf, und man kam auf die künstlichen Monate. So machte man auch die künstliche Woche von sieben Tagen. Und so tappt man sich an der Zeit mühselig wie am Raume hin.

Was ist nun die Zeit?

Unserem Sinne erscheint sie nicht. Im Vergnügen ist sie kurz, im Leiden, in ungeduldiger Erwartung unendlich lang.

Legen wir eine Betrachtung an die Zeit, wie bei dem Sternenhimmel an den Raum.

Um eine Billion zu zählen, würde man, wenn man in jeder Sekunde fünf zählt, in ununterbrochenem Zählen über sechstausend Jahre brauchen. In der Zeit ist die Welt erschaffen worden. Was war die Zeit vorher? Was waren in der weltleeren Zeit die billionenmal Billionen Jahre, die vielmal billionenmal Billionen Jahre? Hat die Zeit selber einen Anfang gehabt? Wenn sie einen Anfang gehabt hat, so müssen wir uns vor dem Anfange der Zeit eine leere Zeit denken, also wieder eine Zeit, und vor ihr wieder eine. Das verstehen wir nicht. Oder hat die Zeit gar nie begonnen, und ist sie immer dagewesen? Das verstehen wir auch nicht, wie den unendlichen Raum nicht.

Was ist nun die Zeit?

Ich füge noch eine Betrachtung bei.

Wir Menschen empfinden uns als Urheber unserer Handlungen. Wir fühlen oft über eine Handlung bittere Reue, wenn auch kein Schaden aus ihr entstanden ist, und wir freuen uns oft sehr einer Handlung, wenn sie auch keinen Nutzen gebracht hat. Wir loben oder tadeln in unserem Gewissen unsere Handlungen und wissen wie unser Dasein selber, daß sie die unsrigen sind. Nun weiß aber der allwissende Gott alle Handlungen voraus, folglich, sollte man schließen müssen, können die Handlungen nicht anders erfolgen, als sie Gott voraus weiß, sie sind eine Weltnotwendigkeit, und wir nicht ihre Urheber. Und doch sind wir die Urheber. Wo liegt nun der Zwiespalt? Er liegt in unserer Vorstellung von der Zeit, er liegt in der Vorstellung: Zukunft, er liegt in dem, daß wir nicht wissen, was die Zeit ist.

Wie wäre es, wenn vielleicht die Zeit und der Raum gar nichts Wirkliches wären? Wenn sie nur die Einrahmungen wären, in denen unsere Vorstellungen haften müssen, das Gesetz für unsere Vorstellungen, dem wir nicht zu entrinnen vermögen? Dann wäre Gott und es wären vielleicht auch andere Geister in der Zeitlosigkeit oder eigentlich Ewigkeit. Dann ist keine Zukunft, also auch kein Wissen in die Zukunft, sondern ein Wissen überhaupt, und der Zwiespalt zwischen der Voraussicht Gottes und der Freiheit unserer Handlungen ist nicht mehr da. Dann erklärt sich auch unser Unvermögen, den unendlichen Raum und die unendliche Zeit zu fassen, weil wir da über den Kreis unserer Vorstellungen hinausgegangen sind, und uns der Rahmen unserer Vorstellungen verläßt.

Ist es so? Ist es nicht so? Auch das wissen wir wieder nicht.

»Nun«, wird einer sagen, »wozu die müßigen Fragen, wozu das müßige Gerede, das man nicht einmal überall versteht, und dem vielleicht gar niemals eine Lösung wird, und sehr wahrscheinlich auch gar nicht not tut? Wozu das?«

Der Mann hat recht, ich werde die Lösungen dieser Fragen nie finden, und tue die Fragen doch immer wieder, und schreibe sie hier gar in einer Silvesterabendrede auf, und werde sie wieder tun, und mit mir werden sie diejenigen tun, die ähnliche Wege wandeln, und alle diejenigen müssen uns verzeihen, denen nicht, wenn sie vor dem Bilde von Sais säßen, die Finger zuckten, den Schleier wenigstens zum Teile zu lüften.

Ein Silvestertraum

Friedrich Nietzsche

Es ist still in meiner Stube, dann und wann knistern die Kohlen im Ofen, ich habe die Lampe niedergeschraubt, und es ist keine Helle im Zimmer, nur dass einige feurige breite Streifen zitternd vom Ofen aus am Boden und an dem Mahagoni meines Pianinos hingleiten.

Es sind die letzten Stunden vor Mitternacht; ich habe bis jetzt in meinen Manuskripten und Briefen gewühlt, heißen Punsch getrunken und dann das Requiem aus dem ›Manfred‹ Schumanns gespielt. Jetzt verlangt es mich, alles Fremde zu lassen und nur an mich zu denken.

Drum schür ich noch einmal das Feuer, stütze dann meinen Kopf auf die linke Hand und die Sofaecke, schließe die Augen und denke nach. Der Geist durchfliegt schnell die ihm lieben Stätten und weilt in Naumburg, dann in Pforta und Plauen – und kehrt endlich zurück in mein Zimmer. In mein Zimmer? Doch was seh ich auf meinem Bett? Dort liegt jemand – er stöhnt leise, röchelt – ein Sterbender!

Und nicht allein! Herum wie Schatten steht und schwebt es. Ja, die Schatten sprechen. »Du böses Jahr, was hast du mir verheißen und was gehalten? Ich bin elender als je, und du sagtest mir, dass ich Glück haben sollte. Sei verflucht!«

»Du liebes Jahr, du schautest mich zuerst so finster an, aber dein Mai tröstete mich, und dein Herbst war des Maies wehmütiger Nachklang. Sei gesegnet!«

»Du altes Jahr, viel Mühe hast du mir gemacht, aber hast mich auch entschädigt. Wir sind uns nichts schuldig, lebe wohl!«

»Ich habe gewartet und sehnlich ausgeschaut, wann du meine Wünsche erfüllen wirst. Tue es jetzt, in deiner letzten Stunde, hilf mir.«

Alles blieb stumm. Das alte Jahr röchelte leise, in genauen Zwischenräumen. Es klang wie ein Seufzer.

Plötzlich wurde alles hell. Die Wände des Zimmers flogen zurück, die Decke schwebte empor. Ich sah nach dem Bett. Das Bett war leer. Ich hörte eine Stimme:

»Ihr Toren und Narren der Zeit, die nicht und nirgends ist außer in euren Köpfen! Ich frage euch, was habt ihr getan? Wollt ihr sein und haben, was ihr hofft, worauf ihr harrt, so tut das, was euch die Götter als Probe vor den Kampfpreis gestellt haben. Wenn ihr reif seid, wird die Frucht fallen, eher nicht!«

Da hob über mir der Zeiger aus, alles verschwand, es schlug zwölf, auf den Straßen rief man laut: »Hoch das neue Jahr!«–

Zum Neuen Jahr

Gebet des Pfarrers der Lamberti-Gemeinde in Münster zu Neujahr 1883

Herr,
setze dem Überfluss Grenzen
und lasse die Grenzen überflüssig werden;
lasse die Leute kein falsches Geld machen,
und auch das Geld keine falschen Leute;
nimm den Ehefrauen das letzte Wort,
und erinnere die Ehemänner an ihr erstes;
schenke den Freunden mehr Wahrheit,
und der Wahrheit mehr Freunde;
bessere solche Beamte, Geschäfts- und
Arbeitsleute, die wohl tätig,
aber nicht wohltätig sind;
gib den Regierenden ein gutes Deutsch,
und den Deutschen eine gute Regierung!

Herr,
sorge dafür, dass wir alle
in den Himmel kommen –
aber nicht sofort.
Amen.

6

Wir folgen dem Stern

VOM LOSLASSEN, AUFBRECHEN UND UNTERWEGSSEIN

Aus dem Himmel ohne Grenzen

Huub Oosterhuis

Aus dem Himmel ohne Grenzen
trittst du tastend an das Licht,
du hast Namen und Gesicht,
wehrlos bist du wie wir Menschen.
Als ein Kind bist du gekommen,
wie ein Schatten, der betört,
unnachspürbar wie das Rauschen,
das man in den Bäumen hört.
Bist erschienen wie ein Feuer,
wie ein Leitstern in der Not,
deine Spur weist in die Fremde,
bist verschwunden in den Tod.
Bist begraben wie ein Brunnen,
wie ein Mensch im Wüstensand.
Wird uns je ein anderer werden,
je noch Friede hier auf Erden?

Huub Oosterhuis

Unsere ewige Pilgerschaft

Karl Rahner

Die Weisen haben sich aufgemacht. Denn ihr Herz ist zu Gott gepilgert, als ihre Füße nach Bethlehem liefen. Sie suchten ihn, aber er führte sie schon, da sie ihn suchten. Sie sind solche, die nach dem Heiland verlangen in Hunger und Durst nach der Gerechtigkeit und darum nicht meinen, es dürfe der Mensch seinen einen Schritt unterlassen, weil Gott ja doch tausend machen müsse, damit beide sich finden.

Sie suchen *ihn*, das Heil, am Himmel und im Herzen. In der Stille und bei den Menschen, selbst bei den Juden und in ihren heiligen Schriften ...

Lasst auch uns auf die abenteuerliche Reise des Herzens zu Gott gehen! Lasst uns laufen! Lasst uns vergessen, was hinter uns liegt. Es ist noch alles Zukunft. Es sind noch alle Möglichkeiten des Lebens offen, weil wir Gott noch finden, noch mehr finden können. Nichts ist vorbei und dem verloren, der Gott entgegenläuft, dessen kleinste Wirklichkeit größer ist als unsere kühnsten Illusionen, dem Gott, der die ewige Jugend ist, in deren Land keine Resignation wohnt.

Wir wandern durch die Wüsten. Herz, verzage nicht über den Anblick des Pilgerzuges der Menschheit, der Menschen, die gebückt unter der Last ihrer verschwiegenen Qual weiterziehen, immer weiter, scheinbar alle in die gleiche Ziellosigkeit. Verzage nicht: Der Stern ist da und leuchtet. Die heiligen Bücher sagen, wo der Erlöser zu finden ist. Die sehnsüchtige Unruhe treibt.

Sag' selbst: Steht der Stern nicht still am Firmament deines Herzens? Er ist klein? Er ist fern? Aber er ist da. Er ist nur klein, weil du noch weit zu laufen hast! Er ist nur fern, weil deiner Großmut eine unendliche Reise zugetan wird. Aber der Stern ist da! Auch die Sehnsucht nach Freiheit des inneren Menschen, nach Güte, nach Seligkeit, auch das *Bedauern*, ein schwacher, sündiger Mensch zu sein, ist ein Stern.

Warum schiebst du selbst die Wolken vor den Stern? Die Wolken der Verdrossenheit, der Enttäuschung, der Bitterkeit des Versagthabens, die Wolken höhnischer oder resignierter Worte über die ausgeträumten Träume seliger Hoffnung? Gib die Wehr auf: Der Stern leuchtet! Ob du ihn zum Polarstern deiner Seefahrt machst oder nicht, er steht an deinem Himmel, und auch dein Trotz und deine Schwachheit löschen ihn nicht aus. Warum sollen wir also nicht glauben und wandern? Warum sollten wir also nicht zum Stern am Firmament des Herzens aufblicken? Warum nicht dem Lichte nachgehen? Weil es Menschen wie die Schriftgelehrten in Jerusalem gibt, die den Weg nach Bethlehem wissen und ihn nicht gehen? Weil es Könige wie Herodes gibt, denen solche Kunde vom Messias nur eine Störung ihrer politischen Pläne ist, Könige, die auch heute noch dem Kinde nach dem Leben trachten? Weil die meisten mit der verdrossenen Lebensklugheit ihrer engen Herzen zu Hause sitzen bleiben und solche abenteuerliche Reisen des Herzens für Kindereien halten? Lassen wir sie und folgen wir dem Stern des Herzens!

Wie soll ich laufen? Das *Herz* muss sich bewegen! Das betende, das verlangende, das schüchtern, aber ehrlich in guten Werken sich übende Herz, das läuft, das wandert Gott entgegen, das Herz, das glaubt und sich nicht verbittern lässt, das Herz, das die Torheit der Güte für gescheiter hält als die Schlauheit des Egoismus, das Herz, das an die Güte Gottes glaubt.

Karl Rahner

Die Legende von den Heiligen Drei Königen

Johannes von Hildesheim

Als die drei Könige sich – jeder in seinem Reiche – mit aller Pracht und Kostbarkeit und großem Gefolge für die Reise gerüstet hatten, machten sie sich auf den Weg. Keiner wußte von dem anderen, doch wurde jeder von ihnen auf seinem Wege von dem Stern geführt: er ging mit ihnen weiter, wenn sie ritten, er stand mit ihnen still, wenn sie anhielten. Bei Nacht leuchtete er nicht wie ein Stern oder wie der Mond: strahlend hell wie die Sonne stand er über ihrem Wege. Da zu dieser Zeit Friede herrschte auf der ganzen Erde, standen die Stadttore Tag und Nacht offen. Die Bewohner der Städte und Dörfer, die sie durchzogen, erschraken und waren voller Verwunderung: denn sie sahen Könige mit großem Gefolge – und auf ihrem Wege war es taghell – auch des Nachts!

Niemand wußte, woher sie kamen und wohin sie gingen; am Morgen war der Boden von den Hufen unzähliger Tiere zerstampft. Von solchem Geschehen sprach man lange Zeit.

Die drei ruhmreichen Könige kamen bald in andere Länder und fremde Gegenden. Jeder machte seinen Weg über Flüsse, Wüsten und Berge, durch Ebenen, Täler und schreckliche Sümpfe ohne irgendwelche Hindernisse. Alle schwierigen und steilen Wege wurden leicht und eben. Sie ruhten weder Tag noch Nacht, sie brauchten weder Speise noch Trank; ohne zu essen und zu schlafen, kamen sie bis nach Bethlehem; es schien ihnen nur ein Tag zu sein. So gelangten sie unter Gottes und des Sternes Führung am dreizehnten Tag nach der Geburt des Herrn bei Sonnenaufgang vor Jerusalem an.

Die ruhmvollen Könige näherten sich mit ihrem Gefolge, jeder auf seinem besonderen Wege, der Stadt Jerusalem bis auf zwei Meilen. Da plötzlich bedeckte dichter Nebel und undurchdringliche Finsternis das ganze Land. Und sie verloren den Stern. Jesaja hatte prophezeit: »Auf, werde Licht, Jerusalem, denn dein Licht will kommen, die Herrlichkeit des Herrn erstrahlt dir. Denn Finsternis bedecket die Erde und Wolkendunkel die Nationen.«

Zuerst kam König Melchior mit seinem Gefolge vor Jerusalem auf dem Kalvarienberge an, auf dem später der Herr gekreuzigt wurde. Auf Gottes Wink lagerte er hier in Nebel und Dunkelheit. Der Kalvarienberg ist ein hoher Fels, fast zwölf Stufen hoch; hier wurden damals die Verbrecher hingerichtet. In der Nähe liefen drei Straßen zusammen; dort blieb Melchior, weil er im Nebel den rechten Weg nicht wußte. Bald darauf kam Balthasar, der König von Godolien und Saba, mit seinem Gefolge und lagerte neben dem Ölberg bei einem kleinen Dorf, das Galiläa heißt.

Als die beiden Könige Melchior und Balthasar hier rasteten, hob sich der Nebel ein wenig, aber der Stern schien nicht. Beide – doch ohne einander zu sehen – zogen etwas weiter, und als sie an die Wegkreuzung gelangten, da gerade kam Caspar, der König von Tharsis und der Insel Egrisoulla, mit seinem Gefolge herauf. An dieser Kreuzung dreier Straßen trafen sich die Könige. Nie zuvor hatten sie sich gesehen, und sie kannten einander nicht. Jetzt aber umarmten und küßten sie sich voller Freude. Obwohl sie verschiedene Sprachen redeten, verstanden sie sich. Jeder erzählte den Anlaß zu seiner Reise, und als sie hörten, daß sie alle drei dasselbe Ziel hatten, wurden sie noch viel froher und freudiger. In diesem Augenblick zerteilte sich der Nebel völlig, die Sonne ging auf, und die Könige zogen ein in Jerusalem. Sie erfuhren, es sei die Königsstadt, die ihre Vorfahren oft erobert hatten; sie hofften, den neugeborenen König hier zu finden.

Vor solch einem riesigen, wohlgerüsteten und unerwarteten Zuge erschrak Herodes und die ganze Stadt, denn das gesamte Gefolge war nun so groß, daß die Mauern die große Menschenmenge nicht fassen konnten; der größte Teil mußte daher außerhalb bleiben und lag wie ein Belagerungsheer rings um die Stadt.

Als die drei Könige nun in Jerusalem einzogen, fragten sie alle Leute nach dem neugeborenen König der Juden. Sie fragten: »Wo ist der neugeborene König der Juden? Wir haben seinen Stern aufleuchten sehen und sind gekommen, um Ihm zu huldigen.« Als der König Herodes dies hörte, geriet er in Erregung, und ganz Jerusalem mit ihm. Er ließ alle Oberpriester und Schriftgelehrten des Volkes zusammenkommen und fragte sie aus, wo der Christus geboren werden solle. Sie gaben ihm zur Antwort: »Zu Bethlehem in Judäa. Denn also steht beim Propheten geschrieben: ›Und du, Bethlehem im Lande Juda, bist keineswegs die geringste unter den Fürstenstädten Judas; denn aus dir wird der Fürst hervorgehen, der mein Volk Israel regieren soll‹« (Micha 5,1).

Die Könige erfuhren von den Schriftgelehrten, wo Jesus geboren war, und verließen darauf Jerusalem. Und plötzlich sahen sie den Stern wieder. Er ging vor ihnen her bis nach Bethlehem, das zwei kleine Meilen von Jerusalem entfernt liegt. Ihr Weg führte an den Weiden vorbei, wo der Engel den Hirten die Geburt des Herrn verkündet hatte. Als die Hirten die Könige und den Stern erblickten, liefen sie eilig herbei und erzählten, daß ihnen in solch strahlendem Himmelslicht ein Engel erschienen sei und ihnen die Geburt des Herrn verkündet habe. Auch berichteten sie alles, was sie in Bethlehem gehört und gesehen hatten. Das vernahmen die Könige in froher Bewegung! Sie freuten sich über die Worte und Beteuerungen der Hirten, sie hatten ja auch eine Stimme aus dem Stern gehört und hegten keinerlei Zweifel.

Die drei Könige beschenkten die Hirten reichlich, dann verabschiedeten sie sich und ritten weiter. Kurz vor Bethlehem saßen sie ab, kleideten sich in ihre königlichen Gewänder und legten ihren schönsten Schmuck an. Wiederum ging der Stern vor ihnen her, und je näher sie Bethlehem kamen, desto heller erstrahlte sein Licht. Sie waren in der ersten Stunde von Jerusalem aufgebrochen, in der sechsten Stunde des gleichen Tages kamen sie nach Bethlehem. Sie ritten durch die Straße, die »Die Bedeckte« hieß, an deren Ende der Stall und die Höhle lagen.

Und plötzlich stand der Stern über dem Stalle still. Er senkte sich herab zwischen die verfallenen Wände aus Lehm und Stein und leuchtete dort mit unbeschreiblicher Klarheit. Der alte Stall und die Höhle waren voll strahlenden Lichts. Dann stieg der Stern wieder in die Höhe des Himmels und stand dort unbeweglich. Doch ein wundersamer Glanz verblieb in der Höhle, und »sie traten in das Haus, sahen das Kind mit Maria, Seiner Mutter, fielen nieder und huldigten Ihm. Dann öffneten sie ihre Truhen und brachten Ihm Geschenke dar: Gold, Weihrauch und Myrrhe«.

Als die drei Könige den Herrn angebetet und ihm ihre Gaben dargebracht hatten, empfanden sie und ihr Gefolge wieder Müdigkeit, Hunger und Durst, während sie den weiten Weg von den äußersten Grenzen der Erde ohne jede Speise und Trank und ohne Schlaf zurückgelegt hatten. Jetzt schliefen und aßen sie; den ganzen Tag brachten sie in Ruhe in Bethlehem und den benachbarten Orten zu. Überall erzählten sie in Bescheidenheit, warum sie aus so weiter Ferne gekommen waren und wie der Stern sie so wunderbar geführt hatte. Durch solche Erzählungen erstarkte der Glaube der Heiden, die Juden aber ärgerten sich darüber.

Der Evangelist erzählt: die Könige empfingen im Traum den Befehl, sie sollten nicht wieder zu Herodes zurückkehren. So zogen sie auf einem anderen Weg nach Hause. Nun aber leuchtete ihnen der Stern nicht mehr. Auf dem Rückwege suchten sie bei Nacht Unterkunft, sie hatten Speise und Trank nötig für sich und ihr Gefolge und Futter für ihre Tiere wie andere Reisende auch. Auf drei verschiedenen Wegen, aus drei verschiedenen Ländern waren die Könige gekommen und hatten sich auf wunderbare Weise getroffen. Jetzt kehrten sie auf einem Weg zurück.

Johannes von Hildesheim

Wohin

Edith Stein

Wohin das göttliche Kind
uns auf dieser Erde führen will,
das wissen wir nicht
und sollen wir
nicht vor der Zeit fragen.
Nur das wissen wir,
dass alle Dinge
zum Guten gereichen.
Und ferner, dass die Wege,
die der Herr führt,
über diese Erde hinausgehen.

Der armen Kinder Weihnachtslied

Otto Julius Bierbaum

Hört, schöne Herr'n und Frauen,
Die ihr im Lichte seid:
Wir kommen aus dem Grauen,
Dem Lande Not und Leid;
Weh tun uns unsre Füße
Und unsre Herzen weh,
Doch kam uns eine süße
Botschaft aus Eis und Schnee.
Es ist ein Licht erglommen,
Und uns auch gilt sein Schein.
Wir habens wohl vernommen:
Das Christkind ist gekommen
Und soll auch uns gekommen sein.

Drum gehn wir zu den Orten,
Die hell erleuchtet sind,
Und klopfen an die Pforten:
Ist hier das Christuskind?
Es hat wohl nicht gefunden
Den Weg in unsre Nacht,
Drum haben wir mit wunden
Füßen uns aufgemacht,

Daß wir ihm unsre frommen
Herzen und Bitten weihn.
Wir habens wohl vernommen:
Das Christkind ist gekommen
Und soll auch uns gekommen sein.

So laßt es uns erschauen,
Die ihr im Lichte seid!
Wir kommen aus dem Grauen,
Dem Lande Not und Leid;
Wir kommen mit wund' Füßen,
Doch sind wir trostgemut:
Wenn wir das Christkind grüßen,
Wird alles, alles gut.
Der Stern, der heut erglommen,
Gibt allen seinen Schein:
Das Christkind ist gekommen! –
Die ihr es aufgenommen,
O, laßt auch uns zu Gaste sein!

Die Drei gingen immer dem Stern nach

WOLFGANG WEYRAUCH

ALSO, ICH HINTERHER. ICH HABE MICH NICHT GEIRRT. Mit den Drei war etwas Besonderes los, dessen Einzelheiten ich bloß noch nicht erkennen konnte, weil sie nicht am Ziel waren. Jetzt aber sind sie da, und ich bin mit ihnen da, als irgendein durchschnittlicher Anhänger getarnt. Solange sie in einem für alt gekauften Auto fuhren, folgte ich ihnen in einem Leihwagen. Sie merkten es nicht; es schien, dass sie ein gutes Gewissen hatten, und das ist das Gefährlichste an ihnen. Nein, dies ist nicht das Schlimmste, denn alles, was mit ihnen zusammenhängt, ist unerhört. Sie hatten ein gutes Gewissen, und sie haben eins. Sie fanden, was sie gesucht hatten. Sie und die andern, die sie trafen, stimmten überein. Sie stecken an. Mich nicht.

Ich bin hart gesotten. Aber ich könnte mir vorstellen, dass sogar unter uns welche zu zweifeln anfangen, wenn sie davon hören; ich zweifle nicht daran, dass es sich herumreden wird. Schließlich stiegen sie aus. Sie ließen ihre Töle irgendwo stehen und gingen zu Fuß weiter. Ich tat desgleichen.

Ich schreibe schon wie im Neuen Testament. Es war ja auch eine Art Wiederholung. Andererseits war es wiederum keine, sondern eine Fortsetzung und eine Vollendung. Eine Veränderung, mit einem Wort. Ich habe wirklich nichts dafür übrig, aber ich muss gestehen, dass die Drei mutige Leute sind. Sie wanderten und wanderten, ich ihnen nach, als wäre ihnen mitgeteilt worden, wo der Stern steht und worüber er steht. Von wem mitgeteilt? Vom Stern selber? Von ihren Instinkten, von Ahnungen? Von den andern Drei, die im Stall waren? Das sind schon sechs, nicht viel, aber was für sechs. Keine Spinner, nein, sechs Einzelne, die gleich sechzig sein werden, gleich sechshundert, gleich sechstausend, und so weiter.

Obwohl die Drei immer geradeaus gingen, als würden sie von einer Schnur gezogen, von einer überirdischen, aber gleichzeitig auch von einer äußerst irdischen Schnur, fragten sie doch bloß den einen oder anderen Fußgänger:

Wo ist der Stern? Was für ein Stern? fragte der eine zurück, aber der andre antwortete: Ich weiß, was Sie meinen, und ein Dritter sagte: Sie gehen richtig, wenn Sie so weitergehen wie bisher. Der Zweite und der Dritte schlossen sich den Drei an. Folglich waren sie jetzt schon acht; ich habe mich vorhin verzählt. Das heißt, verzählt ist nicht der richtige Ausdruck. Die Anführer waren sechs, und im Verlauf kamen viele Mitläufer dazu. Da ist der Stern, riefen die Drei mit einem Mal, aber ist auch ein Stall unter dem Stern?, fragten sie wieder andre, die ihnen begegneten. Was für ein Stern?, fragte ein Vierter. Was für ein Stall?, fragte ein Fünfter, aber ein Sechster antwortete: Der Stall ist unter dem Stern, und im Stall ist das Kind, und beim Kind sind der Vater und die Mutter. Auch der Sechste begleitete sie, oder war es der Siebte, der Achte? Egal.

Als die Drei den Stall erreicht hatten, war ein knappes Dutzend mit ihnen, mich eingerechnet. Als sie in den Stall hineingingen, blieben die meisten draußen. Ich nicht. Bevor ich mitkam, sah ich nach dem Stern. Er war verschwunden. Wozu hätte er auch noch leuchten sollen? Seine Funktion war erledigt. Der Stall war einer von jenen Ställen, wie man sie heute hat, mit mechanischen Werkzeugen, sage ich rasch einmal; ich bin nicht vom Land, ich beherrsche die Ausdrücke nicht. Aber der Ochs war ein Ochs, und der Esel war ein Esel. Noch ähneln die Tiere am Rand von Castrop-Rauxel denen in Bethlehem. Auch die beiden Kinder waren eins wie das andere (es sei denn, die Maler und Zeichner des ersten Kindes haben geschwindelt): niedlich, nichtssagend, maulig. Das zweite Kind stank nach Urin; beim ersten Kind wird es nicht anders gewesen sein. Aber die Eltern unterschieden sich, die Eltern und die drei Besucher. Kann sein, dass der Vater ein Zimmermann war, also ein Schreiner, ein Geselle wohl; für einen Meister war er zu jung. Die Mutter war blutjung, ein Mädchen eben aus dem Ruhrgebiet, aber aus einem ländlichen Gebiet zwischen den Städten, gesund und verderbt. Und die drei Besucher knieten, wie gehabt. Endlich konnte ich sie mir so richtig ansehen.

Natürlich waren sie keine Könige, viel mehr, ja, was? Einer war vielleicht ein Student, einer ein Gewerkschaftsbonze, einer ein Universitätsprofessor, so ungefähr. Dass sie in einem Gebrauchtwagen unterwegs gewesen waren, war vermutlich schon ein Teil ihres Verzichts. Die Unterhaltung schien es zu beweisen. Da war, soweit ich es begriffen habe, nur von ein und demselben die Rede, unaufhörlich und von vornherein eines Sinns: Dort ist das Kind, dort ist die Gerechtigkeit, hier sind wir Drei, hier ist ein Versuch, gerecht zu sein, dort ist das Gute, hier sind die Güter, dort sind die Armut an Gütern und der Reichtum an Gerechtigkeit, hier sind der Reichtum an Gütern und die Armut an Gerechtigkeit, wie wäre es, wenn das Kind und wir, die wir bloß Stellvertreter sind, alles vereinigen würden, so dass die Summe von Reichtum und Reichtum größer wäre als die Summe von Armut und Armut?

Der eine von den Drei, der, welcher wie ein Universitätsprofessor aussah, sagte am Schluss: Das Kind ist stumm, wie könnte es anders sein, es ist klein, obwohl es groß ist, es schläft, das ist sein gutes Recht, uns ist bekannt, dass wir zu früh gekommen sind, aber es hat uns gedrängt, denn die Menschen sind fast am Ende.

Er erhob sich, die beiden andern standen ebenfalls auf, und ich stand auch auf; ich hatte mich hingekniet, um beim inwendigen Mitstenographieren nicht gestört zu werden. Der Universitätsprofessor, oder was immer er war, holte eine Kladde aus seinem Regenmantel, auch der Mantel war alt, wie das Auto. Bitte, sagte er, wir haben aufgeschrieben, was wir uns ausgedacht haben, damit Sie, und später auch das Kind, nicht meinen, dass wir bloß so geschwätzt haben.

Er gab dem Vater das Heft, der Vater verbeugte sich, die Mutter lächelte. Soweit. Ich habe mir überlegt, ob es möglich wäre, die Kladde an mich zu nehmen. Ich habe es unterlassen. Dann plötzlich, im Augenblick des Hinausgehens, machte das Kind die Augen auf. Es nickte. Ich glaube wirklich nicht an Wunder. Andrerseits ...

Von den Gleichnissen

FRANZ KAFKA

VIELE BEKLAGEN SICH, daß die Worte der Weisen immer wieder nur Gleichnisse seien, aber unverwendbar im täglichen Leben, und nur dieses allein haben wir. Wenn der Weise sagt: »Gehe hinüber«, so meint er nicht, daß man auf die andere Seite hinübergehen solle, was man immerhin noch leisten könnte, wenn das Ergebnis des Weges wert wäre, sondern er meint irgendein sagenhaftes Drüben, etwas, das wir nicht kennen, das auch von ihm nicht näher zu bezeichnen ist und das uns also hier gar nichts helfen kann. Alle diese Gleichnisse wollen eigentlich nur sagen, daß das Unfaßbare unfaßbar ist, und das haben wir gewußt. Aber das, womit wir uns jeden Tag abmühen, sind andere Dinge.

Darauf sagte einer: »Warum wehrt ihr euch? Würdet ihr den Gleichnissen folgen, dann wäret ihr selbst Gleichnisse geworden und damit schon der täglichen Mühe frei.«

Ein anderer sagt: »Ich wette, daß auch das ein Gleichnis ist.«

Der erste sagt: »Du hast gewonnen.«

Der zweite sagte: »Aber leider nur im Gleichnis.«

Der erste sagte: »Nein, in Wirklichkeit; im Gleichnis hast du verloren.«

FRANZ KAFKA

Auf dem Weg

KARL RAHNER

Ein neues Jahr hat begonnen.
Auch in diesem Jahr ziehen alle Wege
vom Morgenland zum Abendland
durch die Wüste des Lebens,
endlos, an Vergänglichkeit vorbei.
Aber man kann auf ihnen die selige Reise
der Pilgerschaft zum Absoluten machen,
die Reise zu Gott.
Es leuchtet der Stern.
Viel kannst du nicht mitnehmen
auf den Weg.
Und viel geht dir unterwegs verloren.
Lass es fahren.
Gold der Liebe,
Weihrauch der Sehnsucht,
Myrrhe der Schmerzen
hast du ja bei dir.
Er wird sie annehmen.

Das Mädchen mit den Schwefelhölzern

Hans Christian Andersen

Es war entsetzlich kalt; es schneite, und die Dämmerung brach schon herein; es war der letzte Abend im Jahre: Silvesterabend. In dieser Kälte und in dieser Dunkelheit wanderte ein kleines, armes Mädchen mit unbedecktem Kopfe und nackten Füßen durch die Straßen. Es hatte allerdings Pantoffeln angehabt, als es von zu Hause fortging, aber was hatten diese nützen können! Es waren sehr große Pantoffeln gewesen. Die Mutter hatte sie früher getragen, so groß waren sie, und die Kleine hatte sie verloren, als sie über die Straße eilte, während zwei Wagen in rasender Eile vorüberrollten. Der eine Pantoffel war dann nicht mehr zu finden gewesen, und mit dem andern lief ein Knabe davon. Er hatte ihr noch zugerufen, er wolle ihn als Wiege benutzen, wenn er einmal selbst Kinder bekomme.

Da ging nun das kleine Mädchen mit nackten Füßen, die vor Kälte ganz rot und blau angelaufen waren, weiter. In ihrer alten Schürze trug sie eine Menge Schwefelhölzer, und einen Bund davon hielt sie in der Hand. Während des ganzen Tages hatte ihr noch kein Mensch etwas abgekauft und auch niemand ein Almosen gegeben. Hungernd und frierend schleppte sie sich weiter und sah so gar verzagt und schüchtern drein, die Ärmste! Die Schneeflocken fielen auf ihr langes, blondes Haar, das lockig über den Rücken hinabfloß, aber an diese Zierde dachte sie wahrhaftig nicht. Aus allen Fenstern strahlte heller Lichterglanz, und in allen Straßen roch es herrlich nach Gänsebraten. Es war ja Silvesterabend; daran dachte das kleine Mädchen.

In einem Winkel zwischen zwei Häusern, von denen das eine etwas weiter vorstand als das andere, kauerte es sich nieder. Sie hatte die Beine heraufgezogen; aber nun fror sie nur noch mehr. Trotzdem wagte sie nicht nach Hause zu gehen, da sie noch nicht ein Schächtelchen Streichhölzer verkauft und nicht einen Heller bekommen hatte. Der Vater würde sie gewiß schlagen, und kalt war es zu Hause ja auch. Sie wohnten ganz oben unter dem Dache, und der Wind pfiff schneidend herein, obgleich die größten Ritzen mit Stroh und Lumpen verstopft waren. Die Hände waren dem armen Kinde vor Kälte fast ganz erstarrt. Ach, wie gut mußte die Wärme eines Schwefelholzes tun! Wenn es nur wagen dürfte, eines herauszunehmen, es an der Wand anzustreichen und die Finger daran zu wärmen! Endlich zog es eins heraus, ritsch! Wie sprühte es, wie brannte es! Als das Kind die Händchen darum hielt, strahlte das Schwefelholz eine helle warme Glut aus wie ein kleines Licht! Oh, das war ein merkwürdiges Licht! Es kam dem kleinen Mädchen vor, als sitze es vor einem großen eisernen Ofen mit blanken Messingbeschlägen; das Feuer brannte darin so lustig und wärmte so wohltuend. Ach, wie wohl das tat! Schon streckte die Kleine die Füßchen aus, um auch diese zu wärmen – da erlosch die Flamme, der Ofen verschwand – sie saß mit einem Stümpfchen des abgebrannten Schwefelholzes in der Hand da.

Ein Zweites wurde angestrichen. Es brannte, es leuchtete, und wo immer der Schein auf die Mauer fiel, da wurde diese durchsichtig wie ein Flor. Das kleine Mädchen schaute in eine Stube hinein, wo der Tisch mit einem blendend weißen Tischtuch und feinem Porzellan gedeckt stand, und köstlich dampfte die mit Pflaumen und Äpfeln gefüllte gebratene Gans darauf. Und was noch herrlicher war: die Gans sprang von der Platte herab und watschelte mit Gabel und Messer im Rücken über den Boden hin und gerade auf das arme Mädchen zu. Da – erlosch das Schwefelholz, und nur noch die dicke alte Mauer war zu sehen.

Das Kind zündete ein neues an. Da saß es unter dem herrlichen Weihnachtsbaume; er war sogar noch größer und reicher geschmückt als der, den es am Heiligen Abend bei dem reichen Kaufmann durch die Glastüre erblickt hatte. Tausende von Lichtern brannten auf den grünen Zweigen, und viele farbenreiche Bilder, gleich jenen, welche in den Schaufenstern ausgestellt sind, schauten auf die Kleine herab. Sie streckte beide Hände nach ihnen aus – da erlosch das Schwefelholz. Die vielen Weihnachtslichter stiegen höher und höher, und nun sah sie, daß es die glänzenden Sterne am Himmel waren. Einer davon fiel gerade herab und zog einen langen goldenen Streifen am Himmel hin.

»Jetzt stirbt jemand!«, sagte die Kleine; denn die alte Großmutter, die allein freundlich gegen sie gewesen, nun aber schon lange tot war, hatte gesagt: »Wenn ein Stern fällt, steigt eine Seele zu Gott empor!«

Wieder strich sie ein Schwefelholz gegen die Mauer. Es verbreitete einen hellen Lichtschein ringsumher, und mitten darin stand die alte Großmutter, so klar und deutlich, so mild und freundlich da!

»Großmutter!«, rief die Kleine, »oh, nimm mich mit! Ich weiß, daß du verschwindest, sobald das Schwefelholz ausgeht, ja, verschwindest wie der warme Kachelofen, der herrliche Gänsebraten und der große, glänzende Weihnachtsbaum!« – Schnell strich sie den ganzen Rest der Schwefelhölzer, die noch im Schächtelchen waren, an; sie wollte die Großmutter festhalten. Und die Schwefelhölzer verbreiteten einen solchen Glanz, daß es heller um sie war als am lichten Tag. Noch nie hatte die Großmutter so groß, so schön ausgesehen! Sie nahm das kleine Mädchen auf ihren Arm, und hoch schwebten sie empor in Glanz und Freude, so hoch, so hoch! Kälte, Hunger und Angst waren vorüber – sie waren bei Gott.

Aber im Winkel am Hause saß in der kalten Morgenfrühe das kleine Mädchen mit roten Wangen und einem Lächeln um den Mund – tot, erfroren am letzten Abend des alten Jahres. Der Neujahrsmorgen ging über der kleinen Leiche auf, die mit ihren Schwefelhölzern, von denen ein Schächtelchen fast verbrannt war, da saß. »Sie hat sich wärmen wollen!«, sagten die Umstehenden. Niemand wußte, was sie Schönes gesehen hatte, in welchem Glanze sie mit der alten Großmutter zur Neujahrsfreude eingegangen war.

Hans Christian Andersen

Was reif in diesen Zeilen steht

CLEMENS VON BRENTANO

Was reif in diesen Zeilen steht,
Was lächelnd winkt und sinnend fleht,
Das soll kein Kind betrüben;
Die Einfalt hat es ausgesät,
Die Schwermut hat hindurchgeweht,
Die Sehnsucht hat's getrieben.
Und ist das Feld einst abgemäht,
Die Armut durch die Stoppeln geht,
Sucht Ähren, die geblieben;
Sucht Lieb, die für sie untergeht,
Sucht Lieb, die mit ihr aufersteht,
Sucht Lieb, die sie kann lieben.
Und hat sie einsam und verschmäht
Die Nacht durch, dankend in Gebet,
Die Körner ausgerieben,
Liest sie, als früh der Hahn gekräht,
Was Lieb erhielt, was Leid verweht,
Ans Feldkreuz angeschrieben:
»O Stern und Blume, Geist und Kleid,
Lieb, Leid und Zeit und Ewigkeit!«

In uns

MEISTER ECKEHART

Wir feiern Weihnachten,
auf daß diese Geburt auch
in uns geschieht.

Wenn sie nicht in mir geschieht,
was hilft sie mir dann?
Gerade, daß sie auch in mir geschieht,
darin liegt ja alles.

MEISTER ECKEHART

Er ist das Licht

WILHELM ALARDUS

Die Nacht ist hin, der Tag bricht an,
das Licht will uns erscheinen:
So lasse nunmehr jedermann
das Klagen und das Weinen.
Kommt Christus nicht?
Er ist das Licht, das uns anbricht,
und will uns allesamt bescheinen.

Hervor aus eurer Finsternis,
die ihr sitzt in Elenden!
Denn heute soll sich ganz gewiß
all unsre Trübnis wenden.
Kommt, kommt und seht:
was heut entsteht und nie vergeht,
das Licht will seinen Lauf vollenden.

Hier ist nun Gottes ewig's Wort
für uns ins Fleisch gekommen.
Es wohnet noch an jedem Ort,
wo es wird aufgenommen.
Das hell und klar
beim Vater war, das reichet dar
sein Licht viel klarer als der Sonnen.

Ein kleiner Traum oder: Gottes größtes Geschenk

ULRICH PETERS

ES WAR EINMAL EIN TRAUM, und dieser Traum lebte bei Gott. Gott träumte, er selber wohne mitten unter den Menschen, und alle hätten endlich begriffen, dass er nichts mehr wünschte als gelungenes, geglücktes und entfaltetes Leben für alle Lebewesen.

Aus Liebe zu seiner Schöpfung wurde Gott erfinderisch und träumte von einem Garten des Lebens, in dem allein die Liebe herrschte. Krankheit, Not und Elend waren verschwunden, und es gab keinen Krieg, keinen Streit und keine Boshaftigkeit mehr. Gott träumte, er selber werde jede Träne von den Augen der Weinenden und Leidenden trocknen.

Allein, dieser Traum Gottes war beinahe zu schön, um wahr zu sein. Dies spürte keiner deutlicher als der Traum selbst. Wenn er sich mit der Lebenswirklichkeit auf der sichtbaren Welt verglich, wurde er traurig, weinte und haderte mit Gott: »Was bist du nur für ein Gott? Du wohnst in deinem Himmel und lässt die Welt sehen, wie sie zurechtkommt. Du träumst die buntesten Träume von einem glücklichen Leben, aber auf der Erde geht es ganz anders zu. Machst du es dir nicht zu einfach mit deiner Welt?«

»Auch ich sehe das alles«, antwortete Gott ihm. »Du tust mir Unrecht, wenn du glaubst, dass es mich nicht trifft. Es tut mir weh, was aus meiner Welt geworden ist. Aber meine Geschichte mit dieser Welt und den Menschen ist noch lange nicht zu Ende, kleiner Traum.«

»Aber sieh doch«, entgegnete ihm der Traum, »die Augen so vieler

Menschen sind stumpf und leer geworden, als ob die Träume in ihnen gestorben seien. Was bin ich schon für diese Welt? Ein kleiner Traum, der nicht weiter ernst genommen wird.«

»Die Welt wird verwandelt von der Fantasie der Liebenden«, antwortete Gott. »Sie wird nur dann wirklich lebendig, wenn die Liebe in den Herzen der Menschen erwacht. Das muss ganz klein und still anfangen wie ein Funke Sehnsucht oder ein kleiner Traum. Ein Traum, ja, ein Traum vermag die Menschen wohl aus ihrer Erstarrung und Mutlosigkeit zu reißen!«

In diesen Worten brach mit Macht die liebevolle Lebenskraft Gottes durch. Der Traum wurde angesteckt von der Lebenssehnsucht Gottes. Er wollte Wirklichkeit werden in dieser Welt, die so anders war.

»Werden die Menschen mich aufnehmen?«, fragte er Gott.

»Du wirst es nicht leicht haben«, antwortete er ihm. »Die Menschen können deinen himmlischen Körper mit ihren irdischen Augen nicht erkennen. Du wirst für sie unsichtbar sein und nur aus ihren Herzen zu ihnen sprechen können. Viele Menschen aber glauben der Stimme ihres Herzens nicht mehr und meinen, was man nicht sehen könne, existiere deshalb nicht und könne niemals Wirklichkeit werden. Daher ist es wichtig, dass du einen Menschen oder eine Gruppe von Menschen findest, bei denen du wohnen und lebendig werden kannst. Dann wirst du nicht länger unsichtbar sein für die Welt, du wirst Hand und Fuß bekommen. Geh jetzt, kleiner Traum, und lebe.«

So machte sich der kleine Traum auf seine große Reise. Jahrtausend um Jahrtausend wanderte er unermüdlich durch die Welt und gelangte auch in eines der ältesten Bücher der Menschen, das sie bis heute heilig halten.

»Nun kann ich nicht mehr sterben«, dachte der kleine Traum, »nun werde ich endlich leben.«

Aber es kam alles anders. Denn jetzt war er in dicken Büchern und wohlklingenden Reden gefangen, und gelehrte Menschen stritten sich darüber, wie er denn nun zu verstehen sei. Über alle Auslegung vergaßen die Menschen jedoch nur allzu schnell, dass dieser Traum nicht zuerst in lehrreichen Büchern und auf Papier geschrieben sein wollte, sondern ins Herz jedes einzelnen Menschen.

Manchmal ließen sich Menschen in dunklen Stunden ihres Lebens von diesem Traum anstiften und versuchten, seinen Lichtern zu folgen. Am Tage aber schoben sie ihren Traum von einer menschlicheren, gerechteren Welt sehr schnell wieder beiseite. »Träume sind Schäume!«, sagten sie dann entschuldigend.

So wanderte der Traum weiter und weiter. Aber so viel er auch suchte, er fand keinen Menschen, der ihm Vertrauen schenken wollte. Da wurde er immer trauriger, und große Müdigkeit kam über sein Herz. Er schrie zu Gott: »Die Menschen bringen mich ums Leben, noch bevor sie mir eine Chance gegeben haben. Sie wollen mich nicht, sie haben keinen Platz für mich in ihrer Welt.«

Gott aber nahm den traurigen Traum zu sich und tröstete ihn.

»Warum trauen sie dir nicht? Warum glauben sie lieber ihrer Angst und nicht daran, dass am Ende das Gute und die Liebe siegen werden?«

Gott war sehr nachdenklich geworden. Vielleicht meinten die Menschen, er nähme sie nicht ernst genug? Vielleicht musste er ihnen noch weiter entgegenkommen, ja, vielleicht sollte er ihnen ein Beispiel geben?

»Wenn die Menschen dir nicht Hand und Fuß geben, dann werde ich es selber tun! Einer muss doch anfangen und die Welt aufbrechen für die Weite und Wirklichkeit des Himmels, sonst ersticken sie am Ende in der Enge ihrer Angst. Ich werde den Menschen ein großes Geschenk machen: Ich gebe ihnen ein Leben für die Welt, damit sie endlich begreifen, dass die Fantasie der Liebe größer ist als die Angst und stärker als das Leid und lebendiger als der Tod.«

So nahm eine neue Geschichte ihren Anfang, als der Lebenstraum Gottes in dem kleinen Kind eines jungen Liebespaares auf der Erde zu atmen begann …

Ulrich Peters

QUELLENNACHWEIS

Herausgeber und Verlag bedanken sich für die freundliche Abdruckgenehmigung bei folgenden Autoren und Verlagen:

ALVERDES, PAUL: Die dritte Kerze, aus: Quelle unbekannt.

AUSTER, PAUL: Auggie Wrens Weihnachtsgeschichte, aus: Ders., Smoke. Zwei Filme. Übersetzung ins Deutsche von Werner Schmitz, Gerty Mohr. Copyright © 1995 by Rowohlt Verlag, Reinbek bei Hamburg.

BARGELLINI, PIERO: Der Herbergswirt, aus: Quelle unbekannt.

BEIL, LILO: Der Nussknacker, aus: Quelle unbekannt.

BENJAMIN, WALTER: Ein Hemd, aus: Ders., Über Literatur. © Suhrkamp Verlag, Frankfurt am Main 1969.

BOLLIGER, MAX: König, Bauer und Knecht, aus: Ders., Der Weihnachtsnarr. © Verlag Herder, Freiburg i. Br. 1989.

BORDEAUX, HENRY: Das Opfer, aus: Quelle unbekannt.

BOSMANS, PHIL: Schenken. © Verlag Herder, Freiburg i. Br.

BRECHT, BERTOLD: Das Paket des lieben Gottes, aus: Ders., Werke. Große kommentierte Berliner und Frankfurter Ausgabe, Band 19. © by Suhrkamp Verlag, Frankfurt am Main.

BROCH, HERMANN: Parabel von der Stimme, aus: Ders., Die Schuldlosen. © Rhein Verlag AG, Zürich 1950.

CHINESISCHES MÄRCHEN: Der Krieg findet nicht statt, aus: Quelle unbekannt.

DELP, ALFRED: Josef – der Mann am Rande, aus: Ders., Im Angesicht des Todes. Verlag Josef Knecht, Frankfurt am Main 1965.

Eppler, Erhard: »Der Geist des Friedens steht über aller Vernunft«, aus: Quelle unbekannt.

Fried, Erich: Weihnachtslied, aus: Ders., Befreiung von der Flucht. © 1968 by Claassen Verlag, München.

Fussenegger, Gertrud: O du selige – und unselige ..., aus: Dies., Das verwandelte Christkind. Verlag F. H. Kerle, Freiburg i. Br. 1981.

Hartlaub, Geno: Die Engel sind die Falken Gottes, aus: Johannes Kuhn, Das Kind, dem alle Engel dienen. Kreuz Verlag, Stuttgart 1981. © bei der Autorin.

Kaschnitz, Marie Luise: Wenn's wieder geschähe – wie vor langer Zeit, aus: Dies., Das dicke Kind und andere Erzählungen. © Scherpe Verlag, Krefeld.

Korczak, Janusz: Ein kleines Weinen in der dunklen Nacht, aus: Ders., Von Kindern und anderen Vorbildern. © Prof. Erich Danzenroth

Luft, Friedrich: Das mürrische Geschenkgespräch, aus: Quelle unbekannt.

Oosterhuis, Huub: Aus dem Himmel ohne Grenzen, aus: Ders., Im Vorübergehn. © Verlag Herder, Wien 1969.

Oosterhuis, Huub: Ganz nah ist dein Wort, aus: Ders., Ganz nah ist dein Wort. © Verlag Herder, Freiburg i. Br. 1969.

Peters, Ulrich: Ein kleiner Raum oder: Gottes größtes Geschenk. © beim Autor.

Polgar, Alfred: Vor Weihnachten, aus: Ders., Kleine Schriften (2). Kreislauf. Copyright © 1983 by Rowohlt Verlag GmbH, Reinbek bei Hamburg.

Prise, Julie: Das Lächeln des Guten Hirten. © Verlag Herder, Freiburg i. Br. 1965.

Rahner, Karl: Auf dem Weg. © Verlag Herder, Freiburg i. Br..

Rahner, Karl: Gott ist gekommen. © Verlag Herder, Freiburg i. Br..

Rahner, Karl: Unsere ewige Pilgerschaft. © Verlag Herder, Freiburg i. Br..

Rahner, Karl: Weihnachten. © Verlag Herder, Freiburg i. Br..

Reding, Josef: Großer Weihnachtsstern mit Bauchschärpe, aus: Ders., Erfindungen für die Regierung. © Verlag Herder, Freiburg i. Br. 1983 oder: J. R., Dortmund.

Remisov, Aleksej: Die Weihekerzen. © Verlag Herder, Freiburg i. Br. 1955.

Sartory, Gertrude und Thomas: Advent – Einheit von Himmel und Erde, aus: Dies., Wenn Himmel und Erde sich begegnen. © Verlag Herder, Freiburg i. Br. 1979.

Schwarz, Andrea: Hingabe, aus: Dies., Wenn ich meinem Dunkel traue. © Verlag Herder, Freiburg i. Br. ^{4}2000.

Schwarz, Andrea: Warten in der Nacht, aus: Dies., ebd. © Verlag Herder, Freiburg i. Br. ^{4}2000.

Seidenfeld, Eliane: Ein Zeichen am Himmel, aus: Yaffa Eliach, Träume vom Überleben. Chassidische Geschichten des 20. Jahrhunderts. © Verlag Herder, Freiburg i. Br. 1985.

Spur, Roland: Gedanken über das Schenken, aus: »Gedanken« v. 9.12.2002, SWR 2. © Autor (Pfr. R. S., Esslingen) oder Sender.

Stein, Edith: Wohin. © Verlag Herder, Freiburg i. Br..

Teilhard de Chardin, Pierre: Was mir Weihnachten bedeutet, aus: Quelle unbekannt.

Weyrauch, Wolfgang: Die Drei gingen immer dem Stern nach, aus: Quelle nicht zu ermitteln. © beim Autor *(in Gauting bei München)*.

Wiemer, Rudolf Otto: Wenn das man gutgeht. © Rudolf Otto Wiemer Erben, Hildesheim.

Bei wenigen Texten war es uns leider nicht möglich, deren Quelle bzw. Rechtsinhaber ausfindig zu machen, oder festzustellen, ob sie eventuell rechtefrei sind. Für entsprechende Hinweise sind wir dankbar und entrichten selbstverständlich im Nachhinein eine Abdruckgebühr.

WEITERE BÜCHER ZUR ADVENTS- UND WEIHNACHTSZEIT

ELISABETH HURTH (HG.)

Es begab sich aber zu der Zeit

Geschichten und Legenden aus dem Weihnachtsland

240 Seiten, Festeinband – ISBN 3-451-27862-6

Schätze der Weltliteratur – stimmungsvolle Geschichten und Legenden aus dem Weihnachtsland von bekannten Autorinnen und Autoren wie Stefan Andres, Hans Carossa, Brüder Grimm, Marie Luise Kaschnitz, Luise Rinser, Werner Reiser, Adalbert Stifter, Karl Heinrich Waggerl u.v.a.m.

Als Friede war auf der ganzen Erde

Das Weihnachtsevangelium

48 Seiten, durchgehend vierfarbig, gebunden in Halbleinen

ISBN 3-451-28223-2

Das Buch zum Fest: Die Urfassung der Weihnachtsgeschichte. Ein stimmungsvolles Buch voll »Weihnachten pur« in der unverstellten Sprache der Frohen Botschaft und voller überraschender Perspektiven in kraftvollen Bildern, mit wahrhaft festlichem Charakter.

Unser großes Weihnachtsbuch
Bräuche und Geschichten, Lieder und Legenden
von Sankt Martin bis Dreikönig
Mit vielen Tipps zum Basteln und Backen, Singen und Spielen
Herausgegeben von Barbara Cratzius
160 Seiten, durchgehend farbig illustriert, gebunden – ISBN 3-451-28204-6

Bräuche und Geschichten, Lieder und Legenden von Sankt Martin bis Dreikönig: Ein reichhaltiges Hausbuch mit allem, was die Zeit von Sankt Martin bis Dreikönig stimmungsvoll begleitet und mit vielen schönen Ideen ausfüllt.

ADALBERT L. BALLING
Im Licht der Heiligen Nacht
Geschichten, Erinnerungen, Gedanken zur Advents- und Weihnachtszeit
168 Seiten, Festeinband – ISBN 3-451-27863-4

Stimmungsvolle und anregende Gedanken und Geschichten. In den Texten kommen Fantasie, Symbolik und die wundersamen Klänge, wenn der Himmel die Erde berührt, besonders deutlich zum Ausdruck.

ANDREA SCHWARZ
Vom Engel, der immer zu spät kam
Meine schönsten Weihnachtsmärchen
128 Seiten, Halbleinen, mit Lesebändchen – ISBN 3-451-26461-7

Moderne Weihnachtsmärchen, wie es nur wenige gibt: fröhlich und frech, anrührend und amüsant, heiter und hintergründig. Ein wahrhaft himmlisches Lesevergnügen.